西方哲理译丛 ●

学术贵族与政治饭碗

Max Weber
〔德〕马克斯·韦伯——著
刘富胜 李君华——译

金城出版社
GOLD WALL PRESS
·北京·

图书在版编目（CIP）数据

学术贵族与政治饭碗 /（德）马克斯·韦伯
（Max Weber）著；刘富胜，李君华译．—北京：金城
出版社，2019.3
书名原文：Academic Nobility and Political
Status
ISBN 978－7－5155－1678－3

Ⅰ．①学… Ⅱ．①马… ②刘… ③李… Ⅲ．①社会学
－研究 Ⅳ．①C91

中国版本图书馆 CIP 数据核字（2018）第 080273 号

学术贵族与政治饭碗

著　　者	［德］马克斯·韦伯
译　　者	刘富胜　李君华
责任编辑	李凯丽
开　　本	660 毫米×940 毫米　1/16
印　　张	12
字　　数	150 千字
版　　次	2019 年 3 月第 1 版
印　　次	2019 年 3 月第 1 次印刷
印　　刷	北京兴星伟业印刷有限公司
书　　号	ISBN 978－7－5155－1678－3
定　　价	32.00 元

出版发行	金城出版社　北京市朝阳区利泽东二路 3 号　100102
发 行 部	（010）84254364
编 辑 部	（010）84250838
总 编 室	（010）64228516
网　　址	http://www.jccb.com.cn
电子邮箱	jinchengchuban@163.com
法律顾问	北京市安理律师事务所 18911105819

译　序

中国古有“学而优则仕”的传统，近有“仕而优则学”的风尚，无论从学者到官员，还是从官员到学者，都是一次艰难的抉择。在历史上、在现实生活中的确存在学问精深而又仕途通达之人，不过大多数人往往因为学术而误了仕途，或者因为仕途而远离了学术。看来学术与政治就如同“鱼与熊掌”，很难兼得。当然，从事学术与从事政治并不是好与坏之别，而是两种不同的人生抉择。是做一个学术贵族，还是设法保持住自己的政治饭碗？相信有兴趣翻阅此书的朋友，也正在这种困境中，希冀于韦伯给出的答案。

马克斯·韦伯（Max Weber，1864—1920），德国社会学家，哲学家，历史学家。韦伯生于德国埃尔福特市，1882年就读于海德堡大学，1889年在柏林获法学博士学位。毕业后先在柏林任见习律师，后进入弗莱堡大学、海德堡大学、慕尼黑大学任教。1903年与W·桑巴特等人共同发起创办《社会科学和社会政策文库》杂志。1910年与F·滕尼斯、G·齐美尔等人发起成立德国社会学会。1919年曾参与魏玛宪法制定工作。韦伯一生著述颇丰，主要有《禁欲主义与资本主义精神》（也译为《新教伦理与资本主义精神》）、《宗教社会学论文集》、《政治论文集》、《经济与社会》、《科学论文集》、《社会学和社会政策论文集》等。韦伯的知识范围广泛，学术研究视野宽阔，从经济、政治、法律、宗教、音乐等社会生活领域到社会科学方法论都有重要成果，是继马克思、恩格斯之后，德国又一位才华横溢、文思泉涌的思想家。

本书编译了韦伯的三篇论文《以学术为业》、《以政治为业》、《禁欲主义与资本主义精神》。《以学术为业》和《以政治为业》都是韦伯在慕尼黑大学的演讲稿。在《以学术为业》中，韦伯向青年学子讲述了学术环境、学者命运、学问之道等问题。在《以政治为业》中，韦伯则阐述了政治合法性、现代政治家的起源、政治家类型与素养、政治与伦理等问题。无论是从事学术研究还是从事政治活动，都面临“为何”的问题，这是“祛魅”之后留给个人的困惑。而在发表这两次演讲之前，韦伯在《禁欲主义与资本主义精神》中就对生于其中的时代特征进行了分析。在该文中韦伯以“为什么近代资本主义仅仅出现在西方而非东方”这个问题入手，对资本主义的精神特质及其根源进行了追问。

本书选译的三篇论文先前都有中译本。《禁欲主义与资本主义精神》的中译本有黄晓京、彭强译，四川人民出版社 1986 年版；于晓、陈维纲等译，三联书店 1987 年版；陈平译，陕西师范大学出版社 2002 年版等。《以学术为业》和《以政治为业》的中译本有冯克利译的《学术与政治》，三联书店 1998 年版；钱永祥等译的《韦伯作品集 · 1》，广西师范大学出版社 2004 年版等。先前的中译本是我们了解韦伯思想的重要工具，也对本次翻译工作提供了不少帮助，在此向他们表达译者的敬意。

本书的编译工作由电子科技大学的刘富胜和民航飞行学院的李君华共同完成，由于水平有限，加之时间仓促，书中凡有不妥之处，欢迎读者批评指正。

译　者

目　录

以学术为业

你们希望我谈一谈“以学术为业”这个话题。我们现在的政治经济学家都习惯于从外在环境开始，那我也从这里谈起。这个意思就是说，我们是从这个问题开始的：就这个词的现实感而言，以学术为业的环境是什么？今天这个问题实际上和本质上都意味着：一个要将自己的一生奉献给科学，决定在大学度过自己一生的大学毕业生，他的前景是什么？为了理解德国环境的特点，我们有必要先对照认识一下国外的环境。在这方面，美国与德国形成了最鲜明的对比，因此我们将着重谈美国的情况。

众所周知，德国年轻人从事科学职业都是从私人讲师的职位开始的，在同该领域专家交谈并获得认可后，他可以在大学讲一本书了，通常在成为大学的员工之前，他还得通过进一步的正式考试。之后，他可以开课但是没有任何薪水，只能挣学生的课时费，当然，他可以决定讲任何他感兴趣的题目。

在美国，学术职业的起点完全不同，也就是说，最先是当助教。这有点类似于德国的自然科学和医学机构的情况，在这些地方，通常有极少数助理试着让自己去适应私人讲师的位置，但常常只有更少的人能做到。

实际上，这种对比表明在德国从事学术有一个必备的财富条件。因为对于一个年轻的学者而言，生活在这样的学术环境中没有资金支持是相当困难的。他必须能够坚持足够的岁月，无须关心他是否有机会能够获得一个维持生计的职位。

在美国这个存在官僚体系的国家，年轻学者从一开始就能获得报酬。当然，他的薪水是有限的，大致相当于一个半熟练工人的工资。不过他一开始就有一个相对安稳的职位和一份固定的收入。但是，按规定也得提醒他，就如同提醒德国的助理一样，他并不总是能够满足要求。

这些要求是这样的：美国的年轻学者一定要能够吸引大量学生。这对德国的讲师来说是不会有的事，一旦选了他的课，你就不能赶他走。也就是说选课的人不能提出任何“要求”。但是他会注意到，数年工作后，他有一种道德权利期望某种回报。他同时也期望——这非常重要——当考虑别的私人讲师是否合适的时候，有人会尊重他的意见。

是否从原则上说应当任命所有那些能力已得到证实的学者，还是给予“教学代课人员”以优先权，换言之，让现有的编外讲师得到教学的垄断权，是一种令人苦恼的困境，这同学术专业的双重性有关，稍后我们还会讨论这个问题。人们通常会选后者。但这会增加风险，那些德高望重的教授，尽管具有良知，还是更倾向于自己的弟子。如果要说我的个人态度，我会说我遵循这样的原则：我所举荐的学者一定在其他大学的教授看来也是合格的。但结果是我最好的弟子在另一所大学被拒绝了，因为那里的人没谁相信这是合理的。

德国与美国更深层的区别在于，德国的私人讲师总是只能上比他预想少得多的课。根据他形式上的权利而言，它能开他自己领域内的任何课程，但他这样做势必顾及不了老教师。结果，全职教授上大课，而讲师将自己视作是第二批次人员。这种安排的好处在于年轻人有时间自由从事学术研究，尽管他想多上课的愿望受到了限制。

美国的安排在原则上与德国不同，准确地说就是在他当助教的时候他绝对是负担过重，因为是给了他薪水的。比如说，德文系的全职教授上三小时课讲歌德也就够了，然而年轻的助教如果只给安排他每周上十二学时，包括德语练习、讲授比如说乌兰德这类诗人的课程，他是幸福的。管理人员给助教的课是单独排的，这种待遇就和德国的研究助理是一样的。

往后我们会发现，德国大学在广泛的科学领域都将朝美国体制的方向发展。大的医学院和自然科学研究所成为“国有”的企业，没有大量的基金就无法运转。我们将会遭遇资本主义企业运行同样的条件：“工人同生产资料的脱离”，也就是说，工人即助教是依赖于政府注资医院提供的设备；之后，他对研究所领导的依赖就同工厂里雇员对主管的依赖是一样的。由于下属的依附和忠诚，主任相信研究所就是“他自己的”，他掌管研究所的一切事务。由此助教的位置常常同任何“准无产阶级”的存在一样，也同美国大学里的助教职位一样，是很不稳定的。

在任何重要的方面，德国大学生活都将被美国化，一如整个德国生活一样。我相信这种发展会使这样一些行业消失，在这些行业里，技师拥有自己的工具、自己的资料室，即很大程度上他拥有自己的领域。这种发展完全与过去匠人所遭遇的一致，他们现在已经完全消失了。随着资本家和官僚制企业的兴起，它们在所有这些领域拥有毋庸置疑的优势。但是这种“精神”与德国大学的历史传统是不同的。无论就外在还是内在而言，这些资本主义式的大学企业的负责人，与旧时代的全职教授存在天壤之别。这种对比也表现在内在的态度上，在这里我先不谈这个问题。古老大学的结构从内到外都变得有些虚幻了。

大学职位专门保留下来什么呢，它又加强了什么因素呢？问题在于无论是私人讲师也好，助教也罢，都要成功上升到全职教授或者研究所领导的位置。这简直有点冒险。当然，这也绝非仅仅是机遇，通常有利于水平高的人。我还不知道世界上有什么职业，机遇有这样的作用。我要说的就是，我将自己的成功归于一些偶然事件，在很早的时候我就通过这种规则获得了全职教席，当然，同龄人无疑在这种规则下都取得了比我更多的成就。我真的在想这些经历的基础，我敏锐地发现，如果事情朝相反的方向发展，很多人的命运会因此截然不同。然而，在这套机制下，一些人尽管其能力不济却获得了该职位。

冒险比能力更有效的事实并不罕见，甚至发生于所有人类行为因素中，在学术选择的过程中自然也存在。成员或教育部门存在个性缺陷又要为如此多的平庸者混迹大学的事实负责是很不公正的。平庸者占据主流更是因为人类的合作机制，尤其是几个实体之间的合作。就此而言，是由于举荐部门和教育部门之间的合作。

相应的是教皇选举，这件事可以追溯到很多世纪以前，它是最重要的可控选举的典型，和学术举荐的本质是一样的。受欢迎的主教才有机会胜出，这种概率大于排名第二或第三的主教。美国总统的竞选也同样如此，只有一流的、最优秀的人才能得到国会的任命。多数情况下排名第二或第三的被提名的人只能参加下一次竞选。在这方面美国已经形成了技术社会学的词汇，通过研究这些案例去调查集体意愿选举的规则是非常有趣的，但我们在这里就不谈这个问题了。然而，德国大学的学院组织也坚持这些规则，人们对它造成的失误并不吃惊，相反它正确任命的比例很大倒让人感到意外。可以有把握地说，只有在议会出于政治原因对选举进行干预的国家，让人放心的庸才和投机分子才会占尽便宜。同样的情况也发生在同此前的德国相同的国家，那里的君主们出于同样的原因进行干预，这同如今德国的革命者们所做的一样。

没有哪位大学老师愿意人们提及自己的任命，因为几乎没有人觉得那是愉快的经历。然而我要说的是，就我知道大量事情而言，无一例外，人们还是希望纯粹客观公正的理性来做决定。

人们肯定清楚另一件事：以学术为业是一种冒险的活动并不仅仅因为根据集体意愿来任命。每一个被称为学者的年轻人一定清醒地认识到他面临双重任务：他既要做称职的学者也要做称职的老师。这两者并不是一点也不冲突，一个人可能是一个优秀的学者但同时却是一个蹩脚的老师。我得提醒你，像赫姆霍兹和兰克这样杰出的教师，他们绝不是唯一的例外。

现在德国的大学，尤其是一些规模较小的大学，正在搞一种最滑稽的招生竞争。大学城的房店老板搞仪式庆祝第一千个学生的到来；如果学生人数突破两千他们就要举火把游行了。对费用的兴趣——人们公开承认这一点——受到了“招揽顾客”的周边行业委任的影响。与此不同的是，招收学生的数量是一场资格考试，这种资格可以根据数目来理解，然而成为学者的资质却是不可衡量的，即便是胆大的创新者也衡量不了，且易招惹争论——这种资质是天生的。几乎每个人都受到这样的影响，有人建议说大量招生具有无法估量的好处和价值；人们对讲师说当一个穷教师匠就等于是被宣判了一种学术的死刑，即便他是世上一个很有前途的学者。问一个教师是不是一个好教师，就得看有多少学生崇拜他。

事实上，学生是否聚集在老师周围，它的规模有多大，就算是达到了一个让人难以置信的程度，也都是由纯粹外在的事情决定的：性格和声音的影响。在经历了很多之后我进行了清醒的反思，我极难信任那些吸引大众的课程，尽管它们难免也有价值。民主可以用在任何恰当的地方，科学训练，一如我们根据德国大学传统所实践的那样，是精神贵族的事业，我们自己不会隐瞒这一点。的确，以恰当的方式将科学问题呈现出来，使一个未曾受学但具备领悟力的头脑能够理解这些问题，继而能对它们进行独立的思考（对我们来说这是唯一重要的事情），大概是教育事业中最艰难的任务。这个任务能否完成并不取决于招生的数量。回到我们的主题——这种技艺是每个人的天分，它绝不与学者的科学资格相一致。相比法国而言，德国在科学上还没有什么“永恒的”共同体。根据德国的传统，大学要公正对待研究和指导的需求，个人是否兼具这两种能力纯属偶然。

学术生活是一种疯狂的冒险活动。如果年轻学者向我请教恰当的建议，我几乎不能承担鼓舞他们的责任。当然有人说，如果他是犹太人就要放弃做学者的希望了。但一定要问问其他的人：你真的相信你能容忍平庸之辈年复一年地爬在你头上，而不烦恼和痛苦。人们很自然这样回答：当然，我只为我的“天职”而活。然而我发现只有极少数人能够忍受这种情况而没有痛苦。这就是我认为有必要讲的以学术为业的外部环境。不过我相信你们还想听点别的，也就是说想听听从事科学的内在使命。

在我们这个时代，这一内在使命同作为职业的科学组织相反，首先便受着一个事实的制约，即学术已达到了空前专业化的阶段，而且这种局面会一直继续下去。事情在内在外都达到了这样的程度，只有当他成为严格意义上的专家的时候，个人才能在某个领域取得真正的成就。所有与周边领域交叉的工作——比如说我们职业上所承担的，也是所有社会学家一定有必要承担的工作——都有这样的负担，最好把用得上的问题提给专家，对于这个问题他从自己的专业视角是不好解决的。个人努力必定是不够完美的，只有通过专业化训练，科学工作者才会完全意识到他所取得的成就经得起考验，这种专业化训练也许在他的一生只有一次。今天，一项真正确定的良好成就同时也是一项专业化的成就。

任何缺乏精彩表演能力的人，也就是说任何不能意识到他的灵魂依靠于能否将这篇手稿的段落作正确连接的人，都会被科学拒之门外。他将不会有人们所谓的科学经历。没有这种被外行讥笑的沉醉；没有这种“融入其中，千年弹指过；隔离其外，静待上千年”的激情——根据你能够成功正确作出连接；没有这些，你就没有从事科学的使命感，你将从事别的职业。因为除非一个人有热情投入其中，否则没有什么东西让人觉得值得成为某种人。

然而，如果没有这样的热情，即便内心真诚、知识渊博，也不能使一个问题产生科学结果。当然，热情是具有决定意义的“驱动力”的前提。今天在年轻人中流行这样一种观点，科学已经变成了计算问题，和“工厂”一样，是在实验室里编造或统计归类体系。科学这种计算只需要工具理性而不是人的“心灵与灵魂”。首先，人们会说这样的评价对工厂或实验室缺乏了解。如果一个人要完成任何有意义的事情，他一定会想到这两个方面，这一定是正确的观念。这种直觉是不能强迫的，这与任何冷冰冰的计算是不一样的，诚然计算也是一种必不可少的前提。比方说，没有哪一个社会学家，即便是上了年纪，会认为自己太善良以致不会在头脑中进行数以万计的细微计算，也许他既善良又同时计算而持续了好几个月。如果一个人想计算点什么，即便最终结果确实很小，如果他想把这个任务完全转交给机械助手，他不可能不受惩罚。但如果在他计算的过程中，没有任何关于计算方向的“理念”，没有任何最终结果的“理念”，那么即便是小的结论他也得不到。

正常来说，这样的“理念”只有在刻苦工作之后才会有，但也并不总是如此。从科学上讲，一个粗犷的理念也可能同专家的理念一样、甚至会与科学有关。正如赫姆霍兹说罗伯特·迈尔，外行与专家的区别只在于外行缺乏固定的和可靠的工作程序。结果他常常无法在这种立场下去控制、评价或者挖掘其产生的理念。理念不能代替工作；同样，工作也不能替代理念，热情也是如此。热情和工作同时并举才能产生理念。

理念只有在它们自己高兴的时候，而不是让我们高兴的时候才会现身。最精彩的理念，用伊埃灵的话说，是坐在沙发上抽雪茄的时候迸发出来的，依照赫姆霍兹的自然科学的精确勾画，是顺着街道的缓坡散步时，或在类似的情形中，突然想出来的，反正总是在没有期待它的时候降临的，而不是在一个人坐在书桌前苦思冥想、搜索枯肠时出现的。

无论如何，科学家必须同不确定性进行交易，不确定性已经渗透到了所有的科学工作中：理念呈现或不呈现？他也许是一个杰出的工人但也有可能终身没有任何有价值的理念。如果认为这种情况只会发生在科学领域，其他领域比如商会、实验室的情况完全不同，你就大错特错了。一个没有“商业想象力”的大商人或大实业家，也就是说，没有理念或直觉的人，终身当一个店员或者一个技术员对他来讲可能更好。他在组织中从来没有过真正的创造力。科学领域内的灵感绝不是学术性的自负幻想，现代企业主导下的实际生活问题也需要灵感，其作用一点也不比科学领域的少。另一方面，人们通常误认为，艺术王国比科学王国更需要灵感。这是一个天真的想法，似乎数学家只需要坐在椅子上，用一把尺子和计算器或者其他计算工具就可以获得一切有价值的科研成果。维尔斯特拉斯函数的数学想象无论是在意义还是在结果上都与艺术家的想象完全不同，存在本质区别。但两者的心理过程并无不同，都是一种狂热（柏拉图称之为迷狂）和“灵感”。

现在我们会说，我们拥不拥有科学灵感有赖“天意”，仰赖“天赐”。最后然而并不是最不重要的，因为这是不容置疑的真理，尤其在年轻人中流行这样的一种可以理解的态度，他们为偶像服务，这种偶像崇拜今天占据了大街小巷、各大期刊。这些偶像是“个性”和“个人经历”，这两者紧密相关，人们认为后者依附于前者并属于前者。他们驱使自己去“经历”生活——因为意识到自己的“个性”，认为这种经历是适合某种“个性”的。如果没有成功“经历”生活，我们最后必须假装拥有了这种体面的礼物。前面我称为“经历”的东西，在普通的德国人那里就是“感觉”的意思；我相信我们对什么是“个性”、它意味着什么，会有充分的认识。

女士们，先生们。在科学领域，只有致力其中进行研究的人才有“个性”。这也不仅在科学领域，我们知道没有哪一个伟大的艺术家只为自己的工作而做事。就艺术而言，即便拥有歌德的“个性”，如果艺术家想自由地把自己的生活带进艺术品中，这也会对他的作品有害。即使具有歌德那种层次的人格，如果仅就他的艺术而言，如果他任性地想把自己的“生活”也变成一件艺术品，后果会不堪设想。若是有人对此有所怀疑，那就让他至少把自己当作歌德试试看吧。人们至少都会同意，即使像他这种千年一遇的人物，这样的任性也要付出代价。政治事务与此不同，但今天不讨论这个问题。在科学领域，一个从事某个领域的人，拾阶而上、在经历中证明自己，不断追问：我何以证明我不仅仅是一个专家，我如何能说出无论在形式还是在内容上别人都没有说过的话？——这样的人是没有“个性”的。今天这样的行为是一种群体现象，它常给人造成微小的印象，降低我们谈及的那个人的地位。相反，对任务的献身精神，会让科学家感到他所从事的主题的崇高和尊贵，这与艺术家没有区别。

科学与艺术具有这些相同的前提，但是它们也存在深刻的区别，这种区别就在于科学的命运。科学工作是与进步的过程联系在一起的；然而艺术领域没有同样意义的进步。这样的说法并不正确：某个时期的艺术采用了新技法，比方说采用了透视法，我们不能说它比不具备这种知识和方法的艺术——如果它的形式符合内容，也就是说，如果它所选择的对象不需要这种条件和手段就能被艺术地掌握——要高。真正完满的艺术品是无法超越的；它也永不过时。人们对艺术品个性意义的品鉴也许不同，但没谁能说这样的艺术品将被同为“完满”的艺术品超越。

在科学领域，我们每个人都知道所取得的一切在十年、二十年、五十年之后将会过时，这就是科学的命运。这也恰恰是科学研究的意义，人们是在非常专门的意义上从事科研的，这与其他文化领域不同，其他文化领域都是在一般性的意义上从事研究的。任何科学的“完成”都将提出新的“问题”；它要求被超越、要求过时。任何愿意从事科学的人都必须接受这个事实。当然因为科学的艺术品质，科研工作也会带来“满足”，或者说科研工作作为一种训练方式也具有重要意义。不过科学家将被科学地超越——再重复一遍——这是我们共同的命运，或者说，这是我们共同的目标。我们不能指望别人不超越我们，从原则上讲，这种进步没有止境。谈到这里我们就要开始深究科学的意义了。某件事情是否由于服从了这样的规律，它本身便成为有意义和合理的事情，这显然不是不证自明的。

人们为什么要从事这样一件永无止境、没有结局的事情？首先，人们是为纯粹的实践目的（从广义上讲）、技术目的而从事该事业：为了使我们的实践行为达到科学为我们设置的预期。好的，不过这仅仅对从业者有意义。学者对他职业的态度是什么——也就是说，如果他要追求这样的个人态度？他坚持认为自己是“为科学而科学”，而不是为了别的原因——利用科学带来商业或者技术上的成功，利用科学吃得更好、穿得更好，更好照明、更好管理。但一个许可自己进入专业“共同体”，从事永无止境研究的人，如果他的成就仅仅是注定要过时的产品，他所期望的到底是什么呢？这个问题需要进行全新的思考。

科学进步是人类智识化进步的一部分，而且是最重要的部分。人类的智识进化已历经千年，我们今天常常从极端消极的方式来看待这种进化。首先让我们澄清一下，这种由科学和技术而产生的智识的理性化，在实践中有什么实际意义？

它是不是意味着，比方说，我们今天坐在大厅中的每个人都比美洲的印第安人或者霍屯督人拥有更多的关于生存条件的知识呢？绝对不是。我们乘坐有轨电车的人，谁也不知道电车是如何行驶的，除非他是位机构专家。对此他无须知道电车为何而动。只要他能“掌握”电车的运行表，并据此来安排自己的行动，也就够了。但对于如何制造一台可以行驶的电车，他一无所知。野蛮人对自己工具的了解是我们无法相比的。野蛮人明显更了解自己的工具。当我们今天谈到花钱的问题，我敢说如果大厅里有政治经济学的同事，几乎每个人对此都有不同的回答。用钱能够买到东西是怎么发生的——有的时候能买到较多，有的时候只能买到较少？野蛮人知道为了吃饭他要干什么，这种机制确保他有这种追求。因此，理智和理性的增强并不表明生存环境的知识有所增加。

这种增加意味着别的，即是说，只要一个人想学知识或者信仰，他就可以在任何时候学。因此，它意味着从原则上讲，并不存在神秘莫测的力量，毋宁说人在原则上能够通过计算掌握万物。这意味世界的“祛魅”。人们不再像野蛮人那样，为了主宰和祈求精灵而诉诸魔法，野蛮人认为存在着此种神秘力量。技术手段和计算就能完成这项服务。这就是智识化的意义。

这种“祛魅”的过程，在西方文化中持续了千年，总的来说，这是种“进步”，科学在其中充当了链条和驱动力。除了纯粹的实践和工具意义之外，理智进步是否还有其他的意义？你会发现在列夫·托尔斯泰的作品中，最原则化地提出了这个问题。他提问的方式独特，他所有的作品都围绕着同一个主题：死亡是否有意义？他的答案是：对于文明人而言，死亡毫无意义。之所以没有意义，是因为个体生命被放置在无限的“进步”中，就进步内在含义讲，它没有尽头。总有比个人所站的进步位置更靠前的一步。没有谁在死亡之前已经登上无限性的顶峰。亚伯拉罕或者以往的农民死得“安详”，因为他坚持认为生命会“轮回”；因为他的生命从字面上讲，从出生开始就赋予了他有所担当；因为对他而言，不存在需要他希望解决的难题；因此他能拥有“完满”的生命。文明人则不同，理念、知识、问题构成了持续的文化丰富过程，人永远处在这个过程之中，因此他所度过的是“疲倦的生命”而非“安详的生命”。他所能把握的仅仅是精神生活带来的最微不足道的部分，他所抓住的总是临时的和不定的，因此死亡对他而言是毫无意义。由于死亡没有意义，文明的生活也就没有了意义；每次“进步”带给死亡的都是无意义的印迹。直到读完他的最后一本小说，人们才明白托尔斯泰作品思想的主旨。

人们应该采取什么立场呢？既然进步具有这样一种公认的超越于技术的意义，从事进步是一种有意义的职业吗？然而，以信奉科学为业的问题，亦即以科学为业对于献身者的意义问题，已经变成另一个问题：在人的生命整体中，科学的职业是什么，它的价值何在？

过去与现在简直天壤之别，你可以回忆一下，柏拉图在《理想国》第七卷的开头所描述的有意思的场景：被绑住在洞穴里的人面朝石壁，在他们身后有他们看不见的光源。他们只能看到光源投射到石壁上的影子，他们力图领悟这些影子之间的联系。最终他们中有人成功摆脱了枷锁，转过身来看到了太阳，尽管很刺眼他还是不断摸索，吞吞吐吐地说出他看到的一切，其他人都说这个人疯了。但他逐渐学会看光，同时他的任务就是回到洞穴人那里把他们引向光明。他就是哲学家，太阳就是科学的真理，科学并不执着于幻想和影子而是追求真实的存在。

今天人们是否以这样的态度来看待科学？今天年轻人觉察到相反的东西：科学的智识结构组成了人工抽象物的不真实王国，那些用自己裸露双手去追寻真实生活脉动的人永远无法理解这些抽象物。在生活中，在柏拉图所谓的洞穴里的影子那里，真正的现实一直在跳动；其余的都是生命的衍生物，没有生命的幽灵，再也没有别的东西。这种变化是如何产生的？

在柏拉图的《理想国》里，激情归根结底首次被解释为概念，一种有意识地发现科学知识的伟大工具。苏格拉底已经发现了它的产生，苏格拉底并不是世界上唯一发现它的人。印度人发现的逻辑起点与亚里士多德很类似。但是我们还没有在其他地方发现人们认识到这个概念的重要意义。在希腊，它首次表现为人们可用的工具，通过它，人们可以运用逻辑去审视某些人，以至于如果一个人既不承认他一无所知，也不承认只有这是真理，那么他就不能获得永恒的真理，永恒的真理不会随着盲人行为的消失而消失。这就是苏格拉底的门徒逐渐通晓的巨大经验。从这以后，似乎遵守这样的规则：只有当一个人发现了美的概念、善的概念、勇敢的概念、灵魂的概念——或者无论什么概念——他才能同时理解它的真实存在。同时，这也为获取知识的方式、教育生活的方式开辟了路径，首先是对公民的城邦生活而言；对于希腊人而言，这个问题就是一切，他们整个就是政治思考，个人从事科学也是这些原因。

第二种伟大工具就是文艺复兴时期在希腊精神那里找到的理性实验。实验是掌握经验的可靠方式，没有它，今日的经验科学就不会出现。早期也有实验，比如，在印度有为了练瑜伽而进行的生理实验；在古希腊，有为了战争技术而进行的数学实验；在中世纪，有为了开采而进行的实验。但是把实验提高到研究的一项原则却是文艺复兴的贡献。艺术领域的伟大革新家，同时成为了实验的先驱。在16世纪，达·芬奇等人，在音乐中使用实验钢琴成为显著的特征。从那一代人开始，尤其是通过伽利略，实验进入到科学领域，通过培根，实验进入到理论领域；之后，实验被欧洲大陆高校的各种学科所采用，首先是意大利的高校，随后是荷兰的高校。

科学对这些步入现代的人来讲意味着什么呢？对于达·芬奇那种艺术实验家和音乐革新家而言，科学是通向真正艺术和真正自然的道路。艺术被提高到科学的地位，这同时意味着就其生命意义和社会意义而言，艺术家被提升到了医生的地位。例如，达·芬奇的素描集就是建立在这种雄心的基础上。今天又如何呢？对年轻人来讲，“科学是通向自然的道路”听起来有些亵渎的味道。今天年轻人主张的东西恰恰相反：要回归个人的本性或者回归自然就要摆脱科学智识主义。

科学还是通向艺术的道路吗？这甚至无需批判。

不过在科学上升时期，人们可是期望更高。如果你还记得斯瓦姆默丹的话“我将在对虱子的解剖中给你证明上帝的安排”，你就会明白，受到新教和清教影响的科学工作者对于自己的任务是怎么设想的：呈现通向上帝的道路。人们不再到哲学家的概念和演绎那里去寻找这种道路了。那个时代所有的虔诚者，首先是斯本纳，都知道中世纪那种方式根本发现不了上帝。上帝的方式不同于我们的方式，上帝的思想也不同于我们的思想。但是在科学中，人们能够物理地理解上帝的杰作，人们有望理解上帝创世的线索。今天又如何？谁——除非自然科学中真的发现这个人物——还会相信宇宙学、生物学、物理学或者化学的发现能告诉我们世界意义？如果有这样的“意义”，人们是通过什么途径发现的呢？如果自然科学这样发展下去，科学家更会相信宇宙的“意义”这样的事情一点根源也没有。

最后，科学是通向上帝的道路吗？科学是一种非宗教的力量吗？即便他不会承认，今天也没有人会在心里怀疑科学是非宗教的。摆脱科学的理性主义和智识主义是生活在神圣联盟里的基本前提。这，或者意思相似的东西，是人们可以在那些倾向宗教或者渴望有宗教经验的年轻人那里听到的口号。他们不仅渴望宗教经验，而且渴望这样的东西，这种东西唯一奇怪的就是如下方式：非理性领域，理智唯一没有沾染的领域，现在进入了意识、接受了审视。在实践中，这就是非理性的浪漫主义所要引导的方向。这种想从理性中解放出来的方式可能会产生相反的结果。

在尼采对那些“虚构幸福”的“末人”进行了致命批判后，我可能不会对科学有那种天真的乐观，这种乐观把科学当作改善生活的工具，通向幸福的方式。谁会相信这一点？——除了少数在大学教席或编辑部的大孩子。我们还是重新谈谈我们的话题。

科学作为“通向存在的方式”“通向真正艺术的方式”“通向上帝的方式”“通向真正幸福的方式”都被拒斥为虚幻，在这种前提下，“以科学为业”的意义在哪里呢？托尔斯泰用如下话语给出了最简单的回答：“科学毫无意义，因为它并不提供答案，对我们而言唯一重要的问题是：‘我们要做什么和我们如何活下去？’”科学对于生活不提供答案是无可置疑的，剩下的唯一问题就是科学“不”提供答案的意义，科学是否对那些正确提问的人而言有些用处。

今天人们经常将科学说成是“没有预设”的，存在这样的事情吗？科学依靠人们对它的理解。所有科学工作都预设逻辑规则和方法是有效的，这些是我们对自己在世界上定位的总基础，至少对我们的特殊问题而言，这些预设就是科学成问题的方面。科学进一步预设由它产生的东西都是最重要的，即都是值得知道的。显然，我们所有的问题都包含在内。通过科学的方式是无法证明这个预设的。我们只能根据科学的终极意义来理解科学产生的东西；我们又必须根据我们对生活的终极立场来决定是否拒绝还是接受科学的终极意义。

因此，科学工作的关系本质和它的前提都是根据它们的结构而变化。自然科学，比方说，物理学、化学、天文学，都自信地预设按照科学的建构来认识宇宙事件的终极规律是值得的。这不仅因为通过这些知识人们能够获得技术上的成功，而且因为它自身的原因，如果追求这种知识成为一项职业的话。然而，这样的预设绝不能被证明。更不能证明这些科学描绘的世界是有价值的、具有任何“意义”，值得人们生活于此。科学并不回答这样的问题。

考虑现代医学，一项高度科学化了的实践技术。医学的雄心壮志就表现在：医学有尽最大努力去维持生命、减少痛苦的任务。然而这是成问题的。医生用自己的方式为一位绝症患者维持生命，即便病患和家属都哀求让其死去以减轻生命的痛苦，对于他们而言，病患的生命已经没有了价值，维持其毫无价值的生命的费用已经成为负担。就一个穷疯子而言，他的亲属无论承认与否，其实都希望他早点死去。但医学的这些预设和刑法典，都阻止医生放弃治疗的努力。生命是否值得继续，什么时候才能停止——这不是医学追问的对象。自然科学只对我们如何技术性把握自己的生活给予回答，它根本不管，或者说也不追问其前提，我们是否真的希望从技术上把握自己的生活，以及这样做是否有意义。

考虑美学这样的学科。存在着艺术品，对于美学来说是一个既定事实。它力图发现艺术品存在的条件，但它并不追问，艺术领域是否是极端绚丽的领域；因此，这个世界从其内核上讲，是与上帝敌对的；世界最内在、最高贵的精神，是与人类兄弟般情谊相敌对的。所以，美学并不追问是否应该存在艺术品。

考虑法理学。法律思想的构成部分来自逻辑，部分来自习俗所建立的制度，法理学所要确定的是，根据这种法律思想的原理，什么是有法律效力的。因此它只对具体的法规或具体的解释方式是否可被视为有约束力做出判定。它并不回答这些法规是否一定应当创制的问题。法理学只能这样宣布：如果有人希望成功，那么根据我们的法律体系的规范，这一法规便是取得成功的适当方式。

考虑史学和文学，它们教会我们如何根据起源来理解政治、艺术、文化和社会现象。但是它们从不追问，这些文化现象在过去和现在是否都有价值。它们更不问，是否值得付出努力去认识它们。它们预设，存在着这样的关切，希望透过这些过程，参与“文明人”的共同体。但是它们不能向任何人“科学地”证明，事情就是如此，并且它们预设这一关切，也绝不能证明此关切是不证自明的。

最后，让我们考虑与我相关的学科：社会学、历史学、经济学、政治学以及理解这些科学的文化哲学类学科。据说，政治学在教室之外，我也同意这一点，它并不适合部分学生。比方说，在我从前的柏林同事舍夫尔的课堂上，和平主义的学生围住他的讲桌并制造了骚乱，我会谴责这样的事件，同样我也会谴责反和平主义的学生反对弗斯特教授，尽管他的观点在很多方面与我相距甚远。尽管如此，政治学也不适合讲师在课堂上讲，只要你科学地思考它，你就会发现，政治学只属于极少数人。

采纳一种实践的政治观点是一回事，而分析政治结构和政党立场又是另一回事。人们在政治集会上谈论民主，不会隐瞒个人的见解；而真正清晰地提出和采纳一种观点却是倒霉的义务。人们在这种会议上使用的话语并没有经过科学分析，而是通过说服他人投票而战胜对手。它们并不是松动沉思的犁铧，而是刺伤对手的剑：这些话都是武器。如果在上课或开讲座的时候用这种风格讲话将是一种暴行。以“民主”讨论为例，如果一个人仔细思考了它的各种形式，分析了民主起作用的各种途径，并就民主与非民主生活的后果进行了比较。随后此人用非民主的政治秩序形式来反对民主形式，并根据自己的终极理想来说服学生采纳其立场。真正的老师将警惕在课堂上向学生灌输政治立场，无论是显性的还是隐性的。“让事实说话”最不适合作为向学生提供政治立场的方式。

为什么我们要禁止这么做？我先申明，一些备受尊崇的同事主张，不可能实行这种自我限制，如果这是可能的，要想避免自己的观点简直异想天开。目前人们还无法科学地描述学者型教师的责任。人们只是要求教师拥有学问上的正直，明白学问就是展示事实，就是断定文化价值、数理逻辑关系和内在结构；然而，学问同时也要回答文化的价值问题、个体内容问题以及个人如何在文化社会、政治社团中行动的问题。这是两个完全异质的问题，如果进一步问，为什么教师不能在课堂上同时处理这两类问题，答案就是：先知和蛊惑家不属于学术讲坛。

先知和蛊惑家们说："到街上去，向世界公开发表演讲。"即到可能批判的地方去演讲。在课堂上我们与听众的立场相对，必须保持沉默。我认为利用职业之便，利用课堂上学生必须听老师的，没有谁对老师提出批评，是不负责任的。老师的任务是利用自己的知识和科学经验来服务学生，而不是向学生灌输自己的政治观点。也许作为个体而言，老师无法成功地消除个人同情，那么他就要通过内在道德法庭来尖锐地批判自己。但这并不能证明其他事情，纯粹事实方面的错误固然可能，却并不由此证明追求真理的责任有何不当。比方说，对事实的严重误解也并不证明此人没有追求真理的责任。在每种科学兴趣里我也同样拒绝这样的见解。我要证明的是，从历史学家的研究来看，一旦科学家掺杂了个人的价值判断，他对事实的全面理解也就结束了。但这超出我们今天要谈的话题，有待进一步阐明。

我只想问：在教会、国家或者宗教的历史上，该如何评价一位虔诚的天主教徒同时在修道过程中也是一位共济会成员。

这远离了话题，不过搞学术的老师一定渴望、也必定需要用自己的知识和方法服务这一方面的同时，也服务于另一方面。现在你将正确地说，这位虔诚的天主教徒不会接受一位并不武断的教师带给他的基督教主张。事情当然是这样，但是区别在于：科学"没有预设"的意思是说它拒绝宗教束缚，它并不去认识"奇迹"和"启示"。如果科学做了这样的事，它就没有忠诚于自己的"预设"。信仰者既知道奇迹也知道启示。科学“没有预设”只是期望这种认同：如果一个过程不通过超自然的介入就能得到解释，所谓超自然介入就是经验解释作为偶然因素加以排除的对象，那么这个过程就必须通过科学的方式进行解释。信仰者无需违背自己的信仰就能做到这一点。

但是，如果一个人根本不关心这样的事情，或者一个人只有实践立场，科学的贡献对他来讲是不是就毫无意义了呢？也许是这样，尽管科学有所贡献。

作为一位对人类有所贡献的教师，他的基本任务就是教会他的学生认识到“让人为难”的事实——我指的是那些冒犯他们偏见的事实。对于每一种偏见而言，这样的事实都极具冒犯性，对自己对别人都一样。我相信当一位老师能够迫使他的学生习惯于这样的事实的时候，他就不仅仅完成一项智力任务。恕我直言，我认为这就是“道德成就”，尽管这可能听起来有些夸大其辞。

我刚才仅对避免灌输个人观点讲了很多实践原因。但实践原因不是唯一的原因。除非你讨论的是实现既定目标的方式，否则只求实践的、有利的立场，从科学上讲也是不可能的——这种不可能有更深层的原因。

“科学的”诉求从原则上讲是毫无意义的，因为世界观具有各种价值层面，而它们之间是相互冲突的。老穆勒，尽管他的哲学我并不赞同，但在这一点上还是说得正确：如果从纯粹经验出发，只会走向多神论。这样的有些肤浅，听起来诡诈难解，却包含着一些真理。我们今天毕竟再一次明白了，有些事情，尽管不美但却神圣，而且正是因为它不美且只就它不美而言，才变得神圣。诸位在《以赛亚书》第53章和《诗篇》第21篇便可找到这样的例证。自从尼采以来我们便已知道，有些事情，不仅是它尽管不善而成为美的，并且只从它不善这方面看，它才是美的。在更早一些的波德莱尔以“恶之花”命名的诗集中，各位也可找到这种观点。有些事情虽不美、不神圣、不善，却可以为真，此乃一项常识。这些现象，不过是不同制度的神和价值之间相互争斗的最普通的例证。无论人们如何处理这个问题，对于法国人和德国人的价值，我也不知道如何去“科学地”做出判定。

我们的生活与祖先一样，那时他们还生活在神和魔存在的世界里，还没有“祛魅”，只是其中的意义不同而已。希腊人一会向阿佛洛狄特献祭，一会又向阿波罗献祭，当然每个人都会首先向自己城邦的守护神献祭。我们今天也如此，只是行为举止已经“祛魅”、没有神秘色彩，而是把这种献祭放到内心里。命运，当然毫无科学可言，摇摆于各种神和它们的争斗之间。在这些神和它们之间的争斗中，起主宰作用的绝对不是“科学”，而是命运。我们所能了解的，只有神对于这个或那个制度有什么作用。教授在课堂上的讨论至此已达到极限，即使如此，生活中的重大问题远未获得解决。但是在这个领域，大学之外的势力却有他们的说法。

一个人如果要“科学地拒绝”山顶布道的伦理，他要做些什么呢？比方说，树立“不抵制恶行”或者“转过来让别人打另一边脸”的形象？一般的观点看来，这明显是没有尊严的行为伦理，人们必须在宗教尊严与全然不同的人的行为尊严之间做出选择，“反对邪恶——以免你对难以承受的邪恶负责”。根据我们的终极立场，一边是魔鬼，一边是上帝，个人必须决定谁是他的上帝，谁是他的魔鬼，这一点贯穿了我们整个生活秩序。

所有的宗教预言，都产生出一种从伦理和方法两方面对待生活的高明的理性主义，它废弃了这样的多神论，而赞成“唯一的必然之神”。那么，面对外部和内心生活的诸多现实，它必定会被迫走向妥协和相对主义，这是我们从基督教的历史中已熟知的事情。但是今天的“日常生活”也具有某种宗教性质。那些古老的神，魔力已逝，于是以非人格力量的形式，又从坟墓中站了起来，既对我们的生活施威，同时他们之间也再度陷入无休止的争斗之中。但是，正视这样的日常生活所提出的要求，对于一个现代人来说是困难的，对于较年轻的一代就更为困难。对“体验”的全部追求，都来自这个弱点，因为，不能做到勇于正视时代的命运，就是一个弱点。

我们曾被引向基督教伦理的崇高痛苦这个所谓的或假定的唯一方向，在我们的双眼因此而被蒙蔽了千年之后，我们将更加清楚地明白这一点，这就是我们的文化命运。

这些问题已经让我们坠入迷雾，我们中还是会有年轻人错误地说：“你说得不错，但我们碰巧来聆听讲座是想体验更多的东西，而不仅仅是您对事实的分析和主张。”这种说法的错误在于，他们对教授的企求超出了他的所有。这种企求对领导人可以，对教师就不行，我们是作为教师走向讲台的。人所共知，这两种职业是不同的。请允许我再次把你们带到美国，因为你们可以在那里发现这些事情最大众化、最原始的形态。

美国孩子比德国孩子更喜欢发表意见，校园里的大量考试并没有把他变成考试机器，德国人则如此。因为在美国，教育部门认为学位考试只是职场的入门券，仅仅是个开始。美国年轻人对任何人、任务物、任何传统、任何公职都没有敬意——除非个人成就。这就是美国所谓的“民主”。这就是民主的意义，无论怎么扭曲它，它讲的就是这个意思。美国认为教师就是：我父亲替我支付了学费，老师就要向我出售他的知识和方法，这和杂货商卖给我母亲货物是一样的，这就是全部。即是说，如果这个老师恰好也是一位足球教练，那么在这个领域，他就是一位导师。但如果他不是（体育运动领域的类似人物），那他就仅是一位老师而已。美国人不会认为教师会向他出售行为规则。当我们以这种态度来考虑问题的时候，我们就会拒绝这种看法。但问题在于，老师是否具备一丁点我先前讲的情感呢？

年轻人，你们来听讲座，你们梦想从我们这里获得领导才能，你们没有想到，一百位教授里至少有九十位都不是生活的“足球教练”，更不是行为的“导师”。你们想一想，人的价值并不在于他是否具备领导才能。无论如何，学者或学术型教师的才能与生活“导师”的才能不同，在政治生活中尤其如此。如果一位老师同时具备这种才能这纯属偶然，如果一位老师在讲台上因为学生有这种期望就宣称自己有这种才能，这应受批判。如果以为学者在讲堂上将自己树立为“导师”的形象，这更应批判。因为那些常把自己当作导师的人实际上最不具有导师的才质。无论他们是不是导师，讲堂并不是证明的场所。感到自己是应年轻人的期待成为建议者的教授，受到他们信赖的教授，可以在私人联系中成为这样的人。如果他觉得自己是应邀介入了世界观之争、党派之争，他可以在讲堂外处理这些事情，比如在市场、媒体、会议或者社团，在他所希望的任何地方。但在听众保持沉默的讲堂来展现这种勇气就太不应该了。

最后，你们会提出这样的问题：“果真如此，科学对个人的实际‘生活’有什么帮助呢”？我们再次回到了“以学术为业”的问题。

首先，科学有助于掌控生活，科学帮助我们规划自己的行为、测算外在的目标。你会说这不就相当于美国人的菜商吗，我完全同意。

其次，科学有菜商无法做到的事情：提供思维方式、思维工具、思维训练。也许你会说：这些东西尽管不是蔬菜，但它们与获取蔬菜的方式没什么两样。好的，这一点我后面要讲。

幸运的是，科学的贡献不止这些，我要讲科学第三种目标：获得清晰性。当然，前提是我们自己就拥有这样的清晰性。下面我要阐明这一点：

在实践中，当你在思考一个有价值的问题的时候，你会采用这样或那样的观点——出于把问题简单化的原因，请思考以下社会现象。如果你采用了某种观点，根据科学经验，为了证明你的论点你就必须采用某种相应的方法。你发现这些方法恰好是你认为一定不能用的，现在你必须在方法与目的之间做出选择。目的能够证明方法的合理性吗？或者目的不能证明方法的合理性吗？你向老师咨询这种选择的时候，老师也不知道该怎么办，只要他依然想作为老师而不至于陷入悖论之中。当然他也可以告诉你，如果你想要得到这样的结果，你就必须认真计较由此产生的其他后果。结果你发现跟没问他一样。这就是技术专家必须根据“更小的恶、相对的善”原则来做出决定。对于他而言，只有一件事是主要的，即目的。但当我们遭遇“终极问题”的时候，情况就不同了。这样我们终于获得了最后的答案，科学能够提供明晰性的目标，同时这也是科学的极限。

我们可以并且应当告诉各位，从如此这般的一个世界观方面的终极立场，可以前后一致地（因此也是保持忠诚地）推导出如此这般的一个实际立场的意义。这种意义，可以从这样一个立场或若干个立场推导，但我们可以说，它不能从其他不同的立场推导。形象地说，你将侍奉这个神，如果你决定赞成这一立场，你必得罪所有其他的神。因为只要你坚持忠实于自己，你必然会达到这样一个终极的、有着内心意义的结论。至少从原则上说，这是教师可以办到的事情。作为专业学科的哲学，以及其他学科中那些本质上属于哲学性质的讨论，都试图达到这一境界。因此，只要我们对事情有正确的了解（这是必要的前提），我们就可以迫使，或至少协助一个人，对自己行为的终极意义做出说明。在我看来，这不是微不足道的事情，即便它只对纯粹的个人生活有益。我再说一遍，教师的成功在于：他坚守道德，实现自我澄明，具有责任感。我相信他越能做到这些，他就越不想向自己的听众灌输自己的立场。

只要人们相信生命是天生的，并这样来解释它，就与我在此提出的观点有所出入。生命就是这些神与那些神之间没有休止的斗争。直接地说，对生活的终极态度是无法调和的，因此斗争没有最后的结论，因此你必须做出选择。在这种情况下，科学是否是值得人们追求的职业；科学自身是否是一项具有客观价值的职业，在本次讲座中我不作任何判断。从我的工作来讲，我个人会作出肯定性回答，青年人今天视智识主义为世界恶魔，或者常常幻想它如此，我依然保持自己对科学的这种理解。这些年轻人嘴边念叨："注意，魔鬼已老；还是等老了再理解它吧。"这里讲的"老"并不是从生命意义讲的老，而是说如果有人想与魔鬼打交道，他不必像很多人那样，等到死后。为了认识到魔鬼的能力和弱点，人们必须首先看清魔鬼实现自己目的的方式。

科学在今天已经成为一项职业，服务于自我确证、服务于具有内在联系的知识。它不是传播神圣价值、播种启示的见证者和预言家的馈赠，它也不采用圣人的沉思，不考虑哲学家关于宇宙意义的思考。这注定成为我们这个历史时期不可避免的情况。

只要我们真实地面对自己，我们就无法回避这一点。如果把托尔斯泰的问题再次提给你：如果科学不能回答这个问题，那么谁还能回答"我们要做什么，我们将如何安顿自己的生命？"或者用这样话说："我们要忠于哪个神？或者我们将去忠诚于一个全然不同的神，这个神是谁?”这时人们会说，只有先知或者拯救者能给出答案。如果根本没有这样的人，如果人们不再信任先知的传言，你也不能强迫这样人出现在世上吧，你总不能把成千上万的教授当作享有特权的国家雇员，当作讲台上的先知，来接替先知的角色。教师能完成的就是证明自己根本不具备关于命运的知识：年轻一代渴望的先知并不存在。我相信，对于一个有真正宗教“感受力”的人，如果拿课堂上所有那些先知当作冒牌货，向他和其他人掩饰一个基本的事实，即他注定要生活在一个既没有神，也没有先知的时代，这对他绝无好处。我以为，他出于宗教呼唤的真诚，必定会拒绝这样的掩饰。

现在你会说：“对神学的存在，对神学把自己称为‘科学’，人们应该持什么立场?”我们并不回避这个问题。是的，神学和教义并不是普遍存在的，当然也不是说只有基督教才有。毋宁说（往后看），他们存在于各种宗教的高级形式中，伊斯兰教、摩尼教、诺斯替教、俄耳甫斯教、佛教、印度教、道教、婆罗门教、犹太教，都是如此。当然它们体系化发展的变化是很大的。西方基督教——相对于犹太教神学而言——朝精细化发展，或者说努力这么做，这并不是出于偶然。在西方，神学发展已经具有最大的历史意义。这是希腊精神的后果，所有的西方神学都要追溯到这里，就如同所有的东方神学都要追溯到印度思想一样。所有神学都将神圣价值理性化。任何科学都不能没有前提，任何科学都不能向不承认这种前提的人证明自己的基本价值。然而，任何神学都给自己的著作及其存在合理性的论证附加了一种特殊的前提。它们的意义和范围不断变化，每种神学，比如说印度神学，都假定世界具有某种意义，问题在于如何去理解这种意义，以便理智上想得通。

这与康德的认识论一样，他的观点从这样的预设出发：“科学真理存在着而且有效”，他进而问道：“真理何以可能的思维预设是什么?”现代美学家（比如说卢卡奇）从“艺术存在”的预设，问道：“它们的意义何以可能?”

然而神学通常并不满足于这样的哲学预设。它深层的预设是：某种“启示”是与拯救相关的事实，这就让一种具有意义的生活行为成为可能，因此这些启示是一定要相信的。神学还假设某种主体状态和行为具有神圣本质，即是说，它们构成了一种具有宗教意义的生活方式，或者至少说它们是宗教意义的要素。神学的问题是：这些被简单接受的预设如何能被有意义地解释为一种世界观？对神学而言，这样的预设超越了“科学”的界限，它们并不表现为通常意义上的知识，而是一种“通灵”。任何没有信仰或其他神圣状态的人，都不能把神学作为一种替代物，更别说其他任何科学了。相反，在每种“积极”宗教里，虔诚的人都能达到奥古斯丁说的：“因为荒谬，所以信仰。”

宗教艺术大师的成就力——“理智牺牲”——是“积极宗教”人士的典型特征。这个事实如此明显，尽管“科学价值”与“神圣价值”之间的神学张力是不可弥合的。只有门徒对先知、信仰者对教会是“理智牺牲”，这被当作毋庸置疑的。一些现代知识分子为了让自己的灵魂里还有这件真实的古董，需要有先知，但新的先知（我再说一遍这种想象已经冒犯了一些人）不会出现。为了这么做，他们碰巧记得宗教就是这样的古董，而宗教就是他们没有拥有的东西。他们张冠李戴，用世界各地的神圣形象来装点国内的教堂，用各种超自然经验制造出许多偶像，他们用这些经验来描述神圣的高贵，并到书市里叫卖。这是朴实的谎言，或者说这是自我欺骗。不过与其说它是谎言，不如说它是年轻人群体对宗教、宇宙、神秘联系的真实理解，也许这样的理解本身就是误解。真实情况是这样的，每种兄弟情谊的行为都与这样的意识有关，即把某种永不磨灭的东西贡献于超个人的领域。在我看来，通过宗教解释以提高人与人之间、社会与社会之间的高贵联系，值得怀疑。

通过“世界的祛魅”，理性化和智识化是我们时代命运的典型特征。准确地说，公共生活里的终极价值和崇高价值都已消退，要么进入了神秘生活的超验领域，要么进入了直接而私人化的人类关系的兄弟情谊之中。我们的伟大艺术都显示真情，而非纪念性的，这绝非偶然；同样，今天只有最小、最亲密圈子的事情、私人化人际环境的事情、弱小的事情，能让人感动；而与此相应的是，旧时代先知的精气，就像燃烧的木块席卷了整个社会，把人们熔合在一起。如果我们非要在艺术中发明出一种纪念风格，那么这些怪物就是作为过去二十年的纪念品而产生的吧。如果一个人非要在一个没有先知的时代理智地构建宗教，从其内在意义而言，将产生与宗教一样的、乃至更糟的后果。学术先知，最终来讲，创造的是幻想的团体而不是真正的社会。

那些不能承受时代命运的人一定会说：他更愿意安静地回到过去，没有叛乱者的喧嚷，有的只是简单和纯朴。旧式教堂向他充满深情地展开双臂，他很容易适应这一切。他所要付出的就是“理智牺牲”——这是难免的。如果他真能做到这一点，我们也不会责备他。因为出于无条件的宗教虔诚去牺牲理智与单纯的逃避理智的诚实义务是完全不同的，后者是没有勇气去弄清自己的终极立场，更别说通过细微的相关判断来简化这种义务。在我看来，这样的宗教献身，同那些学院里的先知相比，更值得尊重，因为后者没有明白表示，在课堂里，唯有理智的正直诚实，才是最有价值的美德。然而诚实也迫使他们指出，对于这么多期待着新的先知和圣徒的人来说，他们的境况，同以赛亚神谕所包含的流放时期以东的守望人那首美丽的歌所唱完全相同：

“有人声从西珥呼问我，守望的啊，黑夜如何。守望的说，早晨将到，黑夜也来，你们若要问就可以问，可以回头再来。”

听这话的那群人，询问和等待了已有两千年以上，我们晓得他们那令人战栗的命运。从这里我们应当得出的教训是，单靠祈求和等待，只能一无所获，我们应当采取不同的行动。我们应当开始去工作，正确地对待无论是为人处世的还是天职方面的“当下要求”。如果每个人都找到了握着他的生命之弦的魔鬼，并对之服从，这其实是平实而简单的。

以政治为业

我应邀所作的这次讲座，必将在很多方面令你们失望。你们自然希望我对当下的实际问题摆明立场，但是当我就政治行为在整个生活方式中的重要性进行追问的时候，我将仅谈论一种纯粹形式上的方法及其所指向的目标。在今天的讲座中，所有关于政治行为的政策和内容都不讲。因为这样的问题与“以政治为业”的意义及其他能具有什么意义的一般性问题没有关系。现在我们进入主题。

我们从政治那里了解了什么？政治这个概念极其宽泛，浓缩了各种自主的领导行为。人们所说的银行的货币政策、国家银行的贴现政策、工会的罢工政策；也有人们说的市政当局或者小镇当局的教育政策、自愿者协会主席的政策，最后甚至包括一位审慎的妻子所寻求的相夫政策。当然，我们今天的反思并不建立在如此宽泛的概念上。我们只希望通过政治来理解政治团体。今天要讲的是国家的领导权，或者领导权的影响。

不过从社会学的观点来看，什么是“政治”团体，什么是“国家”呢？从社会学来讲，国家不能根据它的目的来定义。几乎没有什么任务，不被某些政治团体列为自己的工作，但是，也没有什么任务，能够说完全专属于以政治为目标组织起来的团体，在今天，这种团体是国家，历史地看，则是作为近代国家先驱的那些团体。最终，人们从社会学的意义上只能根据特殊的方式来定义现代国家，这与对待每种政治团体一样，即是说，暴力的使用。

托洛茨基在布列斯特说："国家都是建立在暴力基础上的。"这句话一点都不假。如果没有懂得使用暴力的社会组织存在，国家这个概念也就消失了，继而出现的就是"无政府主义"。没有人会说暴力是国家正式而唯一的含义，但暴力是国家的一种专属手段。今天，国家与暴力之间的联系尤其密切，在过去，大多数组织——起源于氏族——都把物质暴力作为常用的手段。今天，我们必须说国家就是成功地在既定领域垄断合法实施肉体暴力权利的组织。注意，"领域"是国家的重要特征。尤其是在我们这个时代，组织和个人只有在国家许可范围内才能实现肉体暴力。国家被视为暴力使用唯一"合法"的源泉。因此政治对我们而言就意味着在一个国家内，要么在政府中、要么在群体中，争取享有权力的方式或者争取影响权力分配的方式。

这种定义在本质上回应了政治的日常功用。当我们把一个问题说成是政治问题、把一位内阁部长或阁员说成是政治官员、把一个决定说成是政治决定，这通常意味着这种利益分配、维系、权力转移对于回答此问题、做出此判断、或者对这位阁员的行为范围具有决定意义。那些积极从事政治夺权的人，要么把它作为实现其他目标、其他理想或者自我利益的手段，要么就是"为权力而权力"，即为了享受权力带来的威望。

就像历史上的政治团体所展现的，国家就是人统治人的关系，这种关系通过合法（被认为是合法的）暴力的手段来维系。国家要存在，被统治者必须服从权力保证的当局。人们在什么时候服从？为什么会服从？这种统治依靠的内在证明和外在手段是什么？

从原则上讲，统治合法性有三种内在证明：

首先，过去的恒久性权威。这种权威大多数都是因为遵循远古习俗而得到确认。过去族长和继位王子行使的就是这种传统型统治。

其次，个人天赋异禀型权威（卡利斯马）。绝对的个人崇拜、个人自信，对于神迹、英雄主义或者领导者个人的其他品质都是如此。政治先知、军队将帅、运动领袖、大煽动家或者政党领导行使的都是这种“卡利斯马”统治。

最后，法律赋予型权威。在理性创建的规则基础上，根据法律制度和当事人能力所取得的权威。在此，遵循法律义务，就要服从这种权威。现代公务员以及与其相似的人行使的就是这种统治。

在现实生活中，人们通常认为服从是源于最初的恐惧和希望的动机——害怕神奇的权力或者权力拥有者的报复；希望在此岸或者彼岸获得各种利益的奖赏。这一点我下面要讲，不过当人们追问服从的“合法性”的时候，人们就会遇到这三种纯粹的类型：传统型、卡利斯马型、法律型。

这些合法性思想及其内在证明对于统治结构而言具有重要意义，纯粹的类型在现实中是很难找到的，今天我们不能讨论这些类型高度复杂的变种、变迁及融合，这些问题都是“政治学”的问题。我们首先关注第二种类型：卡利斯马型领导，因为“天职”这个概念的最高表现，正是根植于这个支配类型之中。

忠于卡利斯马型的先知，或者服从战争统帅，或者听从城邦议会或国会中煽动家的话，都意味着领导人视为“内心受召唤”的领袖。人们服从他并不出于传统或法律，而是人们信任他。如果他在关键时刻变得狭隘、自负，那也有他的原因，也是在为他的工作奋斗。他的门徒、追随者、朋友对他的忠诚源于他本人以及他的品质。

卡利斯马型领导到处都有、随时都有。以往，这种素质最重要地表现在两类人物身上，一类是巫师和先知，一类是战争领袖、帮派首脑和雇佣兵队长。在城邦中成长起来的“煽动家”的政治领导与我们关系更大，就像城邦一样，西方尤其是地中海文化孕育了他们。而且，议会政党领导的政治形式兴起于宪政国家，这也是西方才有的产物。

服从天职的政治家们，就其字面最真实的意义而言，当然在任何地方都不是权力斗争漩涡中唯一决断的人物。他所能调动的辅助性手段也同时具有高度的决定性。政治上居于支配地位的权力，如何来维持其支配呢？这个问题适用于一切类型的支配，因此也适用于所有形态的政治支配，无论它是传统的、法制的或是超凡魅力的。

已经组织起来的统治，要求实现持续的支配，需要人们调整行为去服从这些自称拥有合法权力的人。另一方面，这种服从要求统治者为了更有效地使用暴力，必须控制物质利益。已经组织起来的统治要求控制人事安排、管理物质工具。

代表政治统治组织的官僚，与其他任何组织一样，当然必须服从权力当局而不仅仅服从于我们所说的“合法性”概念。有两种手段都满足个人兴趣：物质性奖励和社会性荣誉。封臣的采邑、世袭制下僚属的俸禄、近代国家官员的薪金、骑士的荣誉、身份特权以及官员的荣誉等等，构成了他们各自的酬劳。担心失去这些酬劳，是僚属与掌权者结为一体的最后的和决定性的基础。在战争中，追随者有荣誉和战利品可得，煽动家的追随者则可“分赃”，即通过垄断官职，对被支配者进行盘剥，以及只有政治才能带来的好处和虚荣心的满足。这些报酬也都是来自一个超凡魅力领袖实行的支配。

就像经济组织一样，用暴力来维持统治，也需要某些物质好处。根据官僚是否拥有自己的管理手段，或者说官僚是否与管理手段是相分离的，可以对所有国家进行分类。这种特征与我们说的资本主义企业里的和生产方式脱离的、只拿薪水的雇员和无产阶级一样。权力当局一定能够指望得到雇员、官僚以及其他任何人的服从。主要的方式有金钱、建筑、军需、车船、马匹或者其他东西。问题不在于权力当局自己指挥和组织领导，而在于把执行权下放给公务员、雇佣官僚或者喜欢的人、信赖的人，这些人自己都没有权力，也就是说，人们并不是出于自身的权利去使用管理手段，而是受主子的支配在进行管理。过去的管理组织都具有这个特征。

依附性官僚全部或部分控制物质性管理手段的政治团体可以称为特权组织。比如说，封建组织里的封臣，为封地的管理和司法倾其所有。他要为战争提供装备、补给，他的下属也要做这些事情。当然，由此他获得了主人的赋予的权力，这种权力来源于他个人的忠诚，来源于他因袭了祖上的社会地位和采邑的合法所有权。

当我们在任何地方追溯早期政治形式的时候，我们都会发现：是权力主体自己直接进行管理。他把管理权掌握在自己手里，让人们依附于他：仆人、属僚、助手、受宠者，他要么赐予他们封地，要么设法给他们钱。他要从自己的钱袋子，从自己资产的收入中来支出这些花销；他要创立一支私人军队，军队的枪支、弹药、人员都由他来配备和补给。在特权组织中，领主的统治得到了贵族的支持，这些贵族分享了领主的治权；领主的管理要么得到了属僚的支持要么得到了平民的支持。那些没有财富的阶层不具有社会地位；从物质意义上讲，他们完全依附于他，并不构成权力的竞争力量。所有形式的家族统治、世袭统治、苏丹独裁制以及官僚制都属于这后一种类型。官僚制的国家制度尤其重要，其最理性化的发展，正是近代国家的特征。

世界各地现代国家的发展都是君主发动的。他为没收其支持者的自动权和私属权铺平了道路，他也为没收那些有管理权、战争权、经济权、所有政治利益做好了准备。整个过程同资本主义企业逐步扩张，取代相互独立的生产者的过程是一样的。结果，现代国家控制了整个政治组织手段，将其同归单一领导之下。任何官员个人都不拥有手中的钱、商店、器具、战争武器。当代国家——国家概念的本质——管理人员、官僚、工作人员都是同物质性管理手段完全独立的。我们所看到的大多数现代国家，都发轫于对没收者政治手段、政治权力的再次没收。

革命（1918 年德国革命）至少实现了领导者对法律权威的取代，即：领导者通过骚乱或选举，获取了对公务员及物质利益工具的掌控；他们从被统治者的意愿里推论出自己的合法性——不是从所谓权利那里。至少是在表面上取得成功的领导，能否通过没收去迎合其承载的希望，与资本主义企业内的情况不同。尽管非常相似，但资本主义企业的趋势和政治管理趋势遵循规律大不相同。

今天我们在这个问题上不作回答，我只阐述纯粹的概念思考：现代国家是组织统治的必然团体。它已经成功找到了在其主权内垄断肉体暴力和统治手段的合法性，为了实现这个目标，国家从以往的领导者手中接管了物质性组织手段，它没收了一切天然特权。国家取代了他们的地位，处于社会的顶端。

这种政治没收在世界各地都取得了成功，“职业政治家”出现了。他们最初是为王室服务，他们不像卡利斯马型的领导，想自己成为领主，他们只想为当权者服务。在夺权的斗争中，他们取代了王室；一方面取代了王室的政治地位，另一方面取代了他们的生活理想。西方社会的特殊性就在于这种服务于权力的职业政治家，而不在于王室。过去，他们一直是王室最重要的权力工具、政治征伐工具。

在进一步详细讨论“职业政治家”之前，请允许我说明他们在国家事务中的各种表现。政治追求同经济追求一样，既可以是一个人的业余爱好，也可以是一个人的职业。人们可以像临时政治家一样从事政治，并力图影响政治机构之内、政治机构之间的权力分配。我们大家在选举投票以及完成类似意图的表达时，比如说在政治集会中欢呼、抗议、发表政治演讲等等的时候，都是临时的政治家。很多人与政治的联系都仅限于此。今天所有那些只是在需要的时候才积极从事政治活动的党代表、自愿政治团体的领导，以及所有那些对他而言政治无论在物质上还是在精神上都不是其生活第一位的人，都只把政治当作一种业余活动来实践。那些只是在被召集的时候才起作用的咨政委员和政府顾问对政治也持业余态度。这同样适用于广大议员，他们只是在开会的时候才积极参与政治活动。在过去，特权阶层里尤其有这种人，军械所有者、物资管理者、私人特权所有者都可以叫做特权阶层。大多数人都远离政治，或者说都不愿意从事政治，或者说从事的都是业余政治。他们只是利用手中的特权收取地租、盘剥利益，只是在上级特别需要自己的时候才积极从事政治活动。这种力量与国王出于政治斗争需要特意招募的、听命于自己的辅助性政治组织没有什么不同。这是顾问的本性，说的远一点，罗马元老院和王室的其他咨询机构都具有这种性质。但是这些业余的辅助性力量自然不能满足王室的需要，国王必然会想方设法招募一些全身心为他服务的人，并让他们以此为主业。随即出现了王室政治组织机构，甚至这种文化的整个形成方式，在很大程度上取决于君主录为己用的人来自何处。

那些完全废除了君主权力或者不受其约束的“自由”镇，他们的成员组成一个政治体，他们也需要政治职员。

“自由”在他们那里的意思并不是说没有了暴力统治，而是说由传统合法化（大多数是宗教合法化）的独裁统治没有了。在西方，这些社团有自己的历史家园，他们的核心是城市，城市作为政治机体，地中海文化圈内的城市首次出现了这种形式。那么在所有这些情况下，以政治为主业的政治家是什么样子呢?

以政治为业有两条途径：要么“为”政治而生，要么“靠”政治而生。这种比较绝不是唯一的。实际上，政治家至少在思想上都考虑过这两方面，当然在实践上也都做了这两方面。那些“为”政治而生的人把政治内在地当作了他的生命。要么他把权力的占有当作享受；要么以权力安身立命的意识滋润了他内在的心灵。在这个意义上，真诚为“天职”而活的人，同时也靠“天职”而活。因此这明显区别于物质实体方面，即经济方面。那些把政治作为永恒的“收入之源”的人，靠政治而活从而以此为业，然而他并不是为政治而活。在私有制下，一个人为了能够为政治而活，从经济上讲，必然要有一些十分平凡的前提。正常情况下，政治家一定要经济独立，不靠政治提供收入。简单来说，这就意味着政治家要足够富有，或者其收入足以保证他拥有个人立场。

至少在正常情况下应该如此。军阀的随从一点也不考虑经济条件，就像革命英雄的街头支持者一样。两者都是靠战利品、劫掠品、贡品、无本的惩罚、对弱者的抢夺等等而活，本质上是一回事。但要说明的，有一些特殊的现象。日常生活中，唯有财富能让人经济独立。但财富并不能满足人的一切。经济对职业政治家而言也是必不可少的，即是说，他的收入一定不靠他将精力和思维全身心投入经济生活之中才能获取，或者至少他要将主要精力投入其中才能获取。在这个意义上，大多数情况下，成为食利者就是成为政治家必不可少的条件。这样，无需依靠奋斗来获取收入。他可以是过去的领主、大地主、我们这个时代收取地租的贵族。在中世纪，他们收取奴隶或者农奴的地租，在现代，这些食利者从利息、股票或者相似的源头收取租子。

无论工人还是企业家——在这里必须注意到，尤其是现代大企业家，从经济的意义而言都抽不出时间。企业家疲于自己的事业，因此并不能挤出时间。考虑到农业有季节性因素，工业企业家更甚于农业企业家。主要来讲，这些企业家在自己的企业里是很难被其他人替代的，即便是临时性替代。他和医生一样都抽不出时间，他越杰出就越忙，他能够抽出的时间就越少。出于纯粹组织性因素，律师抽出时间就更容易一些；因此律师作为职业政治家发挥了无比巨大、甚至常常是支配性的作用。我们不再对此进行细分，还是让我们对其中的若干门类做一澄清。

一个国家或政党由那些（从经济意义上说）为政治而生的人领导而不是靠政治而活的人领导意味着，需要招募一批柏拉图式的政治领导层。这种柏拉图式的领导确实不意味着政治领导层不同时寻找一些靠政治而活的人，也不意味着领导层不利用政治统治去满足自己的经济利益，这当然没有人会怀疑。根本不存在一点也不“靠”政治而活的阶层。这只意味着：职业政治家从事政治工作并不是直接为了寻求薪酬，这一点当然也并不绝对。此外，我们也不是说没有财产的政治家就一定会，或者主要是为谋取私人经济利益而从事政治。我们也不是说他就不为“公共利益”着想。我们没有讲更多的东西。根据经验，关注自身经济安全有意无意地成为富人对整个生活的基本定位。什么都不在乎、毫无保留的政治理想主义只有（至少说主要）在这些人那里发现——他们由于自己的无产状况完全站在了那些有志维持既定经济秩序的阶层之外。这种情况尤其存在于革命时期。招募非柏拉图式的利益型政治家，领导者和办事员，必定要同一个不言自明的先决条件挂钩：经营政治的人可以得到定期而可靠的收入。

政治要么作为一种“荣誉”行为，就像人们常说的，由那些经济上独立的富人，尤其是食利阶层来承担。要么其领导由无产者来承担，同时给予他们奖赏。那些靠政治而活的职业政治家可能是纯粹领取薪俸的人，或者说是薪水职员。政治家的收入要么从特殊服务费用即小费或贿赂中来——这些是非常规性、不合法的收入，要么从固定的薪水中来，或者两者都有。他可以扮演一名“企业家”的角色，像雇佣兵队长、包租人和捐官者，或者像美国的党老大，他将自己的花销视为投资，然后利用自己的影响力获得收益。他也可以有固定的工资，像记者、党的书记、近代的内阁部长或政治官员。在过去，典型的报酬有封建采邑、赠送地产和各种形式的俸禄。随着货币经济的发展，君主、获胜的征服者和成功的政党首脑的追随者所获得的报酬，则以赏金和俸禄尤为典型。今天，对于忠心耿耿的服务者，党的领袖送给他们各种官职——党内职务、报社、合作社、健康保险机构以及国家的职位等等。一切党派斗争，既是为客观性目标的斗争，也是争夺官职授予权的斗争。

在德国，地方支持者与中央支持者之间的所有斗争都集中在这一问题上，谁掌握职务任命权，是柏林，还是慕尼黑、卡尔斯鲁厄、德累斯顿。政党对职位挫折感比对目标挫折感更敏感。在法国，由于政党交替引起的地方领导换届时常导致比政府规划调整更大的骚乱——后者几乎只是在言语上有重要意义。在美国，尤其是在消除了宪法理解分歧之后，一些政党已经变成纯粹的任命权政党，根据获取选票的机会来安排工作，变更实质性计划。

在西班牙，直到最近些年，才以法律形式固定，通过选举的方式，两党轮流执政，通过选举同时为其追随者提供职位。在西班牙殖民地，所谓的选举，同所谓的革命一样，利害攸关的总是国家这只面包篮子，胜利者要靠它来喂养自己。

在瑞士，各政党在它们之间按比例和平地分配官职，我们的一些“革命性”宪法草案，例如巴登宪法的第一个草案，试图将这种制度扩大到部长级职位。可见，国家和国家的官职，是被视为纯粹的猎取政治职务者提供官职的机构。

天主教中央党对这个草案最为热衷。在巴登，作为党纲的一部分，这个政党主张按比例向党内派系分配官职，因此并不考虑各派系的成就大小。由于官僚化的普及造成官职数量越来越多，也由于这些官职代表着特别可靠的生活保障，使得这一趋向在所有政党中有愈演愈烈之势。对于政党的追随者，政党日益成为达到以此种方式提供官职这一目标的手段。

现代官僚制已经发展为一支高度资格化、专业化的队伍，经过长期准备性训练的专家，与所有这些任命都相反。现代官僚出于廉洁正派的考虑，已经发展出了一种高度的阶层荣誉感；没有这种意识，可怕的腐败和丑陋的庸俗气就会成为致命的威胁。没有这种正直，哪怕国家机器的纯技术性职能也将受到威胁。国家机器对于经济的重要意义与日俱增，尤其是伴随日益高涨的社会化，这种意义将进一步得到加强。

在美国，由于总统选举的结果，使得成千上万的官员大洗牌，甚至波及下层邮差，由此造成由猎取官职的政客实行业余水平的行政管理，行政人员根本不知道专业的终身文官制为何物，不过这种业余行政方式，长期以来已被《文官改革法案》搞得千疮百孔。行政管理中纯粹技术性的需要，一直在决定着这一发展。

在欧洲，给予分工的专家官僚制已经稳步推进了近五十年。意大利城市和领地首开先河，在君主制中，则是诺曼人征服的国家。但迈出决定性的一步，则与君主的理财有关。从马克西米连皇帝的整饬朝政，我们可以了解到，在这个领域，即使面对极端紧迫的压力和土耳其人的统治，官吏要想废黜君主是多么难以成功，财政领域最难以承受那些一知半解的统治者——当时的统治者充其量不过是名骑士。战争技术的发展呼唤着专家和专业化的官吏，司法程序的细密化，也要求有训练有素的法律专家。16 世纪时，在较先进的国家，专业官吏在战争、财政和法律这三个领域取得了明确的胜利。就在君主专制主义凌驾于身份等级制度之上的同时，君主大权独揽的统治也逐步让位于专业官吏体制。正是这些官吏协助君主取得了对贵族等级的胜利。

“领导型政治家”的发展是与不断出现专业官僚联系在一起的，即便这种转变很少有人注意。当然，世界上任何时代的王室都有真正的具有决定性意义的顾问。在东方，苏丹国王为了尽可能减轻自己成功管理政府的重担，设置了“大宰相”这个角色。在西方，特别是受威尼斯使节报告的影响，在马基雅弗利时期，查里五世时代，外交首先变成了一种有意识培养的艺术。在外交专家圈子里，威尼斯使节报告受到热情诵读。这种艺术的行家，主要受到人文训练，都把对方当作受训的新人，有点类似于中国战国时期的人文政治家。由一个政治家统一指导整个政策的必要性，只有通过宪政发展才能出现，整个政策在此包括国内政策。在那之前，个别人物，比如说王室顾问、实际上的领导者已经出现了。但是管理机构的组织即便在最发达的国家也是通过其他途径产生的。高级学院的管理机构已经出现了。从理论上讲，他们都从属于拥有决定权的国王的个人领导，这个范围逐步在扩大。这种学院体系导致了备忘录、簿记的出现，并且对多数票和少数票进行了理性说明。除了官方最高权威外，国王在自己身边召集了一些忠诚之士——内阁，在仔细斟酌了国家咨议局或其他国家机构的方案之后，他们提请国王决定，国王由此逐渐成为了业余的职位，力图让自己从无法避免的重负中抽身出来，将其交给通过学院体系和内阁受到专业训练的官员。他试图把最高的领导权握在手中，专家官僚与世袭统治之间潜在的斗争到处都有，只有面对议会的时候，面对政党领袖渴望权力的时候，这种形势才会改变。各种不同的形势导致的结果从外表上看是一致的，尽管确有某种差别。在任何王室握有真正权力的地方——尤其是德国——国王的利益就与反对主张权力的议会的官僚的利益联系在一起。官员的兴趣也在于拥有领导地位，即部长职位，根据级别来占据这些位置，这样一来，这些职位就成为官员的职业目标。君主的兴趣在于能够根据自己的判断对忠于自己的官员进行任命。但政党的兴趣在于查明政治领导以统一的和单一的形式违背了议会，由此查明学院体系被一个内阁首脑所取代。因此，君主为了避免在政党斗争、政党攻击中从形式上被排除掉，就要有单一人格去帮助掩饰自己、承担责任，即是说去回应议会，去同政党谈判。所有这些兴趣加在一起，并指示同一方向：首相出现了，首相统一指挥官僚体系。

在议会凌驾于君主之上的地方——比如说在英国——议会权力更强烈地朝国家机构统一的方向迈进。在英国是议会主导，内阁成为控制议会多数的政党的委员会。公务员法是没有顾及这种政党权力的，但事实上，政党在政治上具有决定性意义。职业官僚机构并不是实际上的掌权机构，政党才是这样的机构，因此前者并不是政府实权的承担者。执政党需要一个只由实际领导人组成的常设性组织，这些人为了维持住权力在内部真诚地探讨事务，能够在外从事广大的政治活动。简单来说内阁就是这样的组织，但是在与公众打交道的过程中，尤其是与议员们打交道的过程中，政党需要一位负责全局的领袖——内阁首脑。英国制度已经以国会内阁制的形式被大陆所采纳。美国唯独采用了不同的制度，它深受民主影响，它采用的制度与英国是相对的。美国采用了普选和直选，获胜党党魁同时也是官僚机构的领导人，这些官员由他任命，他只是在财政预算和立法问题上需要征得国会的同意。

政治演变为一个需要为夺权斗争而训练的组织，现代政党政治发展了这种斗争方式，政治的这种发展注定了将公务员分为两类，这种划分尽管明显，但并不严格。一类是管理型官员，一类是政治型官员。政治型官员，就其真实意思而言，能够在任何时候随意变换，能解雇，或至少能临时撤职。他们就像法国的地方长官和其他国家相应的官员一样，他们与具有独立性的法官形成鲜明的对比。在英国，那些根据宪法，议会多数发生变化引发倒阁而下台的官员就属于这类。他们经常是那些具有一般性内部管理才能的人。政治上首要的就是维持国家的法律秩序，之后才是维持现存的权力关系。在普鲁士，根据普特卡默告示，为了免受谴责，这些官员有义务“代表政府政策”。就像法国地方长官一样，他们只是用来实现影响选举的官僚机器。德国大多数政治型官员——同他国相比——都要求具有合乎职位需求的大学教育背景，通过专业考试，有过专门的预备性服务。在德国，只有政治结构的首脑，即部长们，才缺乏这种专门的现代市政服务的特质。即便是在旧体制下，没有进入过高等教育机构也可能做普鲁士的教育部长；但要想成为一名参事官，在原则上必须通过指定考试。专业的、受过训练的司长和参事官在技术性问题的决断方面当然比他们的上司知道的多得多——比如说，同普鲁士的教育部长阿尔多夫相比。在英国就不同，主管领导在日常事务上部长更有权力，这并非没有理由。部长只是政治权力组织的代表；他必须代表这些掌权的政治层，他必须给下属专家官员提出建议，或者直接对其发出政治性指令。

毕竟，发生在私人经济企业的事情完全相似：企业所有者是股东，但他们在商业管理中几乎没有什么影响力，企业由专家把持着。企业的决策者，银行的董事，只下经济方面的指导性命令、选择管理方面的人事，对企业不做技术性指导。从原理上，现在革命政府的结构与它们没有什么不同。革命使那些对管理一无所知的人掌握了政权，因为他们手中握有武装，这些人喜欢任命专家作为执行管理的头与手。现存制度的困难，其他地方比在本国更大，不过我们今天不讨论这个问题。我们进一步探讨职业政治家的特质，即职业领导者和职业追随者的特质。今天，他们的本性已改，且变化多端。

我们已经发现职业政治家过去是与王室联手，他们是在同封建特权作斗争的过程中发展起来的，他们为王室服务。让我们简短回顾这些职业政治家的主要类型。

王室遭遇特权阶级的时候，就要找特权阶级之外在政治上可以利用的阶层。除了中世纪的基督教地区之外，这个阶层还存在于西印度、东印度、信奉佛教的中国和日本、信奉喇嘛教的蒙古。僧侣在技术上可资利用，是因为他们能识文断字；婆罗门、佛门僧人和喇嘛被引入宫廷，主教和教士被聘为施政顾问，这种情况的出现，是着眼于获得一支能读会写的行政力量，皇帝、君主和可汗们可以将他们用于同贵族集团的斗争。同反抗领主的封臣不同，僧侣，尤其是恪守独身的僧侣，他们处在正常的政治和经济利益的运行之外，不会出于私利或子孙的利益，被权力斗争所诱惑，僧侣由其身份所决定，同君主的行政管理工具是“分离”的。

受过人文主义教育的文人，构成了第二个这样的阶层。曾经有过一段时间，人们学习用拉丁语进行演讲，用希腊文作诗，目的是要成为君主的政治顾问，最理想的是成为一名谏臣。这是人文主义学派第一次勃兴的时代，是君主奖掖专业“诗学”的时代。在我们看来，这是一个过渡时期，它对我们的教育制度产生了持久的影响，但尚未产生更深层的政治后果。东亚的情况有所不同。中国的士大夫毋宁说从一开始就是同我们文艺复兴时期的人文主义者类似的人物：他是在远古语言的不朽经典方面训练有素并科考过关的文人。各位读一下李鸿章的日记便会发现，他最引为自豪的，就是自己的诗赋和出色的书法。这个阶层，自古以来就有一套自己的规矩，决定着整个中国的命运。如果当年的人文主义者哪怕有少许机会得到类似的影响力，我们的命运也许会和中国差不多。

第三个阶层是宫廷贵族。在君主成功地剥夺了贵族作为一个等级的政治权力之后，他便把这些贵族拉进宫廷，让他们担任政治或外交方面的职务。我们的教育制度在 17 世纪的转变，就部分取决于这样一个事实：作为职业政治家的宫廷贵族，取代人文主义学者，进入了君主臣僚的行列。

第四类为英格兰的制度所特有。在那里出现了一个由小贵族和城市食利者组成的显贵阶层，用术语来说，他们被称为“绅士”。英格兰的绅士所代表的这个阶层，君主最初是要争取他们以对抗那些贵族爵爷。君主赋予这个阶层拥有“自治”的职权，后来他本人又变得日益严重地依赖这些人。这个绅士集团，基于个人的社会权力的利益，不取报酬地接过了地方行政的全部职权，从而一直保持着对这些职权的占有。这个绅士阶层将英国从官僚化中拯救出来，而这种官僚化的命运，欧洲大陆的所有国家皆未能幸免。

第五个阶层，即大学里训练出来的法律学家，为西方，尤其是欧洲大陆所特有，他们对这个大陆的整个政治结构有着决定性的意义，经罗马的官僚制国家改造后的罗马法，对后世所产生的巨大影响，再清楚不过地表现于这样一个事实：无论在何处，以促进理性化国家的发展为方向的政治革新，一概是由受过训练的法律学家所发动。这一现象也出现在英格兰，尽管在那里，法律学家庞大的全国性行会组织妨碍了对罗马法的接受。在世界的任何其他地区，都看不到与这一过程类似的现象。

在印度的弥曼萨学派中，理性的法律思维端倪俱在，伊斯兰教也不乏对古代法律思想的进一步培育，但所有这一切，都未能阻止理性的法律观念被神学的思维方式所淹没。首先是司法诉讼的程序，在印度和伊斯兰教中一直未能达到充分的理性化，仅仅是由于意大利的法律学家借用了古代罗马的法理学，才使得这种理性化得以在欧洲大陆出现。罗马的法理学，是一个从城邦国家上升至主宰世界地位的政治结构的产物——一个性质十分独特的产物。中世纪后期《学说汇编》的法律专家和教规专家，他们的“现代用法”中混杂着一些来自法律学家和基督教思想、后来被世俗化了的自然法学说。意大利的城市执法官、法国王室的法律学家（他们为皇权清除领主的统治建立了形式的手段）、主张主教会议至上论的教规学者和神学家（他们从自然法的角度思考问题）、欧洲大陆君主的宫廷法律学家和学院派法官、荷兰的自然法学教授和反抗王权者、英国王室和议会中的法律学家、法国高等法院里的穿袍贵族，最后还有法国大革命时代的律师，这些人中间都存在着法律理性主义的伟大代表。

没有这种法学理性主义，专制国家同法国大革命一样是难以想象的。如果各位浏览过法国议会派的读书，浏览过三级会议 16 世纪到 1789 年的陈情书，大家就能发现到处充满法学精神。如果各位仔细察看法国三级议会成员的职业分布，你会发现——尽管他们是通过平等的选举权产生的——只有一个无产者，为数极少的资本企业家，各种律师。没有他们，启发激进知识分子和特殊精神气质、他们的计划都是不可想象的。从法国大革命开始，现代律师与现代民主就绝对地融合在一起。我们所讲的作为独立阶层的律师，也只是西方才有。从中世纪开始，在诉讼理性化的影响下，他们从日耳曼形式主义的法律程序中的辩护人发展而来。

自从政党诞生以来，律师在西方政治中的重要性就不再是偶然的了。政党政治其实就是利益集团政治。很快我们就会明白这一点，律师的高明就在于有效地替被代理人辩护，在这方面，律师比任何官员都强，比任何敌对宣传（1914—1918 的协约国宣传）更能教育我们。当然，他能从逻辑上弱势的观点中推出支持自己获胜的根据，换句话来讲，他能凭借弱势根据获胜，他之所以获胜是因为他将之转换为强势根据。不过逻辑上强势的观点，也只有律师能使之成功地支持某种理由，即只有他能使“善”成为“好”。公务员作为政客经常通过技术上不够充分的辩解，就将一个充分的理由说成是每个方面都不充分的。这是我们一直在经历的。今天的政治事实上是公开的行为，是通过语言、书写的形式进行的，是可理解的。律师的任务就是正确评价这些语词的功能；他的评估与公务员不同。公务员的解释不会有煽动性，这也不是他的目标。即便公务员想成为蛊惑之人，他也是非常蹩脚的角色。

就公务员的正常职务而言，真正的公务员——这对评价我们以前的制度非常关键——是不从事政治的。他进行的是不带偏见的管理。这也被称为所谓的“行政”管理，至少官方的讲法，是遵从国家理由，即统治阶级的重要利益不被考虑。他管理他的部门，没有情绪、没有私利，没有不屑、没有偏见。这样，他就不能做政客们，那些领导者及随从们，常做且成功完成的事情，即斗争。

拥有立场、拥有激情——好恶分明——这是政治家的特质，且首先是政治领导者的特质。他的行为所遵守的责任原则，同公务员相比，是全然不同的，甚至是恰恰相反的。公务员的荣誉在于有意识地执行上级的命令，并把这种命令当作同自己的判断完全一致。

即便在他看来这种命令是错误的，即便他有所抱怨，但只要上级坚持这个命令，他就要执行。从最高的意义上讲，没有这种道德训令，没有这种自我贬损，整个国家机器就成为一盘散沙。政治领导、政治家的责任在于对他的行为单独承担个人责任，这种责任他不能拒绝，也不可能转移。

这些对具有高度道德心的官员而言是很自然的，但对于那些贫乏的政治家而言就显得过高，就政治而言，可以说他们是不负责任的政治家。就此而言，可以说他们是低道德标准的政客，正如我们在领导职位上一而再、再而三地看到的那样。这就是我们讲的“官僚统治”（公务员统治）。如果我们从成功的立场来揭示这个体系政治上的错误，并没有玷污我们官僚制的荣誉。

让我们再次回到政治人物的类型上来，自从宪政伊始，民主生根，“蛊惑家”就成为西方典型的政治领袖。语词的不合意定会让我们记住，不是克里昂，而是伯里克利承担了首位蛊惑家之名。相比于抽签决定的古代民主，伯里克利领导的希腊众议院是当时最高的决策机构，拥有唯一的任免权，而他却没有任何职务。现代蛊惑家也利用演讲，如果人们仔细思考现代候选人发表的竞选演讲的话，甚至会发现他们将其发挥到了极致。但由于长期以来印刷文字的使用，政治评论员，尤其是新闻记者，是当代煽动家最重要的代表。

限于本次讲座的主题，我不可能讲述现代政治行为的社会学概况，这部分内容的每一方面都可以独立成章。我在这里只讲一些相关内容，同所有煽动者一样，同律师（艺术家）一样，新闻记者没有固定的社会阶层。至少在大陆上是如此，这与英国，以前的普鲁士的情况都不一样。

记者属于社会底层，社会常根据最底层代表的伦理来评价记者。记者最强有力的信念就是广泛性。并不是每个人都意识到一个真正好的记者至少需要同学者一样“真诚”，尤其是在全然不同的工作环境下，要立即有序、有效地完成工作。人们几乎没有意识到，记者的责任感更大；就具有荣誉感的责任而言，他们并不低于学者。就像战争所展现的，记者的责任意识往往更高。就其本质而言，这是因为不负责任的新闻作品及其恶劣影响常被人们记住。

没有人相信新闻记者比一般人更明智，然而事实就是这样。我们这个时代的记者总是在充满诱惑的环境下工作，这就导致我们所看到的记者所写的新闻掺杂了可鄙、可怜、无能的东西。今天我不谈这些已经成为现实的东西，我们感兴趣的是政治记者的职业命运和取得政治职位的机遇。当然，记者只有在社会民主党那里才有好的机会。在党内，根据行政职位的本性，编辑占据了主导性地位，但编辑职位并不是领导职位的基础。

总体上讲，在资本主义政党里，与前代人相比，通过这条路获取政治权力越来越不好走。当选政治家自然都需要扩大自己的新闻影响，需要同媒体保持密切联系，但从媒体队伍中走出的政党领袖纯属意外，不要对此有更多期待。原因在于，记者逐渐没有了闲暇，首先是无产的和职业束缚的记者，新闻运行的强度和时效性极大增强了这种“闲暇的缺失”。

靠写日报或者至少是写周报来谋生，就像是政治家戴上了脚镣。我知道有这样的事情，在追求权力的过程中，这种强迫使一些天赋领导才干的人身心受害。在旧体制（恺撒体制）下，新闻界同国家和政党中居支配地位的势力保持关系，新闻工作水平受到的伤害莫此为甚。不过这个问题要留待以后单独讲。在我们对手国家（协约国）那里情况有所不同，然而即便在它们那里，以及在所有近代国家中，新闻工作者的政治影响力似乎每况愈下，而资本家式的报业大亨，如诺斯科里弗“勋爵”之流，所获得的政治影响力却与日俱增。

尽管如此，我们有控制权的媒体大亨们特别关注的是“发行量”、“广告需求”，他们是典型的政治冷漠。因为单独的政策是没有利益的；尤其是没有政治统治权的优惠的。在战争期间，广告业同时也是以巨大风格影响媒体政治的一种路径尝试——这种尝试直到现在还被认为是可取的。

人们希望大报纸没有这种压力，小报纸的情形更困难一些。不管怎样，记者这个行当一开始就不是我们获取政治领导地位的常规途径，无论新闻业具有多大的吸引力、影响度、行为空间，尤其是政治责任感。人们等着看吧。也许新闻业不再具有这项功能，或者说新闻业没有这项功能。放弃匿名原则是否意味着一种变化还很难说，一些记者——不是全部，倾向于弱化匿名原则。

战时的德国媒体让我们看到，作品署真名并没有增强他们的责任感。一些与政党无关的报纸，简直就是臭名昭著的街头传单；通过弱化匿名原则他们争取到了更大的销量。出版商和耸人听闻的记者大赚特赚，只是没有获得声誉而已。没有听说任何反对提升销量原则的行为；问题错综复杂，不负责任的耸人听闻现象总体上并不被认可。

耸人听闻并不是成为真正领导者的道路，或者说也不是成为负责任的政治管理者的道路，无论环境如何变化，人们都将看到这一点。然而记者在各种环境下依然是最重要的职业政治行为中的一种。它并不是所有人的选择，至少对于那些性格偏弱的人而言，对于那些要求内心平和的人来讲更是如此。如果说年轻学者的生活是一种赌博，然而严格的职业传统会阻止他犯错误。不过记者的生活无论在哪一方面都是绝对的赌博，各种环境都在考验他内心的坚定，这种考验在其他职业里很少见。

职业生涯中痛苦的经历常常并不是最坏的经历。既然事业成功又要保持尊严对记者而言非常困难。事实上，在这个世界上会有很多权贵们的沙龙，出于恐惧而大肆吹捧是常有的事。但所有的人知道，只要主人把门一关，就会向自己的客人解释说，为什么会同这位“不入流的小报记者”联系。而且，一个人公开表达自己对这对那的看法也不是件小事，表达所有可想象的生活问题——所有大众关心的问题——而不带任何偏见、不失尊严，这件事的后果可能很惨。

很多记者都做人不成功，成为毫无价值的人，这并不足为奇。让人奇怪的倒是，尽管如此，这个群体中拥有大量有价值、很真诚的人，这个事实是外行人无法轻易想象的。

如果记者作为职业政治家要追溯到遥远的过去，那么政党官员的形象就只是近几十年发展的产物，部分地讲，只属于最近些年。为了更好理解这种形象的历史进化，我们先要思考一下政党及政党组织。

在所有比较大的政治组织中，即范围和任务都比定期选举领导者的小规模的农村大得多的组织中，必然是那些对政治管理感兴趣的人在管理着政治组织。这就是说，规模较小地方的人都对政治生活感兴趣，都对分享权力感兴趣。

他们为自己招募成员，提供追随者，他们自己或自己提携的人成为选举候选人，自己募集资金，争取选票。在大的组织中，如果没有这种管理模式，简直无法想象选举是怎么发挥作用的。在实践中，这意味着将有投票权的公民分为政治上积极的部分和消极的部分。这种区别建立在自愿态度的基础上，通过义务投票的措施、职业集团的代表或者相似的措施都无法消除这种区别，这里讲的相似措施是指公开或实际上针对这种状况的措施和职业政客的操纵。

积极的领导人以及自由招募来的追随者是任何政党生命的必须要素。对于领导者的选举而言，追随者以及其带来的消极选民都是必不可少的。不过政党结构是不断变化的，比如说，中世纪城邦的政党，例如教皇党和保皇党，都纯粹是私人追随者。

如果仔细思考一下中世纪政党的各种事情，人们定会想起布尔什维克和它的苏维埃。品味一下《教皇党章》，罗比利家产的没收——这从本源上讲意味着所有过教会生活的家庭和采邑都可能如此——品味一下职位和投票否决权的独占，内部小范围的党委会，严格的宪兵组织和告密奖赏。再想想布尔什维主义的严密审查，尤其是在俄罗斯，告密组织，解除、否认“资产者”的政治权力，比如企业家、商人、收租者、店老板、王室后裔、警察等等，没收政策也是这样。

当我们想到另一种情况时更令人吃惊，一方面，中世纪政党的军事组织是注册封建主和享有领导职位的贵族组成的骑士武装；另一方面，苏维埃保留，或者说重新引进了高收入企业家、团体工资、泰勒制、军事纪律和车间纪律以及寻求国外资本。

因此，一句话，苏联不得不再次毫不保留地接受所有布尔什维主义当作资产阶级组织斗争过的东西。而且，苏联重新组建了以前的警备机构（沙皇的秘密警察）作为维持政权主要的工具。不过我们在这里不讨论这种暴力组织，我们要讨论的是职业政治家，他们通过和平政党运动在选举竞争中争夺权力。

就我们通常的理解，政党起初纯粹是贵族的幕僚，比如说在英国。不管出于什么原因，只要一个贵族改变他的党籍，每个依赖他的人也会做同样的改变。直到 1832 年的比尔改革，大贵族和国王，控制了大部分选区的举荐权。与这些贵族派别联系紧密的是贵族组成的政党，随着资产阶级的兴起，这些政党在各地得到了发展。在西方典型的知识分子阶层的精神领导之下，有产者和有教养的人把自己区分为政党和追随者。这些政党的形成部分是根据阶级利益，部分是根据家族传统，部分是根据意识形态。

牧师、老师、教授、律师、药剂师、富裕农场主、制造商——英国自视为绅士的整个阶层——在很多地方政治俱乐部首先形成了临时性社团。在社会动荡时期，小资产阶级发出了自己的声音，与此同时，尽管无产阶级中有领导者出现了，但是作为统治者还没有从他们中间产生。在这个阶段，政党作为地方永久性组织还没有公开出现。只有议会代表创造了这种融合；地方上的贵族对候选人选举具有决定权。选举计划部分源于候选人的竞选呼吁，部分源于贵族会议；或者源于议会政党的决议。俱乐部的领导人是业余的、荣誉性追求，只是在临时需要的时候发挥作用。

在俱乐部缺失的地方（大多数情况都如此），平时的非正式政治管理都是由极少数对之感兴趣的人掌控着。只有记者是拿薪水的职业政治家；只有报业管理部门是连续性的政治组织。除了报业外，只有议会会议了。议会代表和议会政党领导人知道如果某项政治行为是合意的，人们会转向哪个地方贵族。永久性政党组织只有大城市才有，这里的政党得到了党员的适度捐赠，大城市还有定期的协商会和公共集会，代表们就议会行为在此进行解释。只有在选举期间，政党才是有生命的存在。

议员的兴趣在于内部临时选举的妥协可能性，在于统一计划能够获得大范围通过，在于卷席全国的统一性鼓动。总的来说，这些兴趣构成了政党组织的驱动力，政党自身也越来越严格了。但从原则上讲，政党作为贵族协会的本性没有改变。即便地方政党的附属机构、代理人网络遍布了全国，中等城市也发展起来了，这种情况依旧如此。

大量议会党都担任中央党务的领导，都与地方组织保持紧密联系。在中央办事处外，仍然缺乏领薪职员；地方组织的领导清一色是“可敬之人”，因为他们享有各方面的尊崇。他们形成了议会外贵族，他们对那些有幸进入议会的人施加政治影响。政党统一起来的一致性，增强了为新闻、地方会议提供精神营养。党员的定期捐赠是必不可少的；部分捐赠必然为总部的开销买单。

不久前，多数德国政党还处在这种发展阶段。在法国，政党的第一阶段至少部分上讲依然是主导性的，议会成员组织还很不稳定。在开明的地方，我们发现少数当地名流、候选人自己或者资助者在特定职务竞选中起草纲要。这些纲要或多或少构成了对议员们提案和方案的地方性调整。这种体制只出现了局部的突破。

全职政治家的数量很少，主要是当选代表、总部的少数雇员以及记者。在法国，该体制同时也包括“政治官职”猎取者职务。从形式上看，政治主要是业余的。有资格担任部长职务的议员数量十分有限，候选人由于位居显贵地位，情况亦复如此。

不过，同政治管理具有非直接利益关系的人，尤其是物质利益的人，是很多的。因为，所有部级单位的管理措施，尤其是人事决定问题，都对选举集会造成一定影响。人们通过当地代表的斡旋，努力寻找希望和机会。无论好坏，部长都必须倾听代表们的言论，尤其是如果这位代表属于部长多数派的时候。因此每个人都想要这样的影响力，代表在自己的选区控制着官职的举荐权，总体上说是任何种类的任命权。为了再次当选代表，当选者同时也会同当地名流保持联系。

政党最先进的组织形式同这种由显贵、首先是由议会议员统治的乡土气，形成了十分尖锐的对比。这些先进的政党形式，是民主制度和普选权的产儿，是拉拢和组织群众的必然产物，并发展出了极端一致的方向和最严格的纪律，显贵的统治和国会议员的操纵结束了。

议会外的职业政治家将组织握在手里，他们要么是实干家——美国的老板和英国的选举代理人实际上都是这样的实干家——要么是有固定薪水的官员。形式上影响深远的民主化诞生了。议会政党不再制定权威性计划，地方贵族不再决定选举候选人，而是让党员大会推选候选人和代表去参加更高级的会议。

可能有几个这样的会议就产生了该党的全国性会议。组织内的权力实际上自然掌握在那些持续开展工作的人手里。要不然，就是那些为组织提供赖以存在资金的人手里或个人手里——比如说梅塞纳斯手里或者对政治有兴趣的权力俱乐部的指挥者手里（塔马尼派）。

关键的是整个人民机构——在盎格鲁－撒克逊国家称为“机器”——或者进一步讲指挥这台机器运行的人，在控制议员。他们的地位迫使他们的意志，在很大程度上，去做对政党领导人选举有特殊意义的事情。这台机器所追随的人成为了领导，甚至凌驾于议会政党之上，换句话讲，这台机器的创造性在于暗示运动型民主的到来。

政党的追随者们，尤其是政党官员和政党企业家，自然期望从领导人的胜利中获得补偿——也就是说，获得官职或者其他好处。问题的关键在于人们寄予期望是领导而非议员。他们期望领导人的个性在选战中能增加选票，由此接管政权，从而尽可能给追随者带来他们希望的机会。他们主要满足于忠诚地为个人工作，而不是为那些平庸之辈组成的政党的抽象纲领工作。从这个方面讲，“卡利斯马”因素在政党体制中一直发挥着作用。

这种体制在各种不同的水平上前进，它与地方贵族、议会成员为扩大影响进行了长期的地下斗争。这首先发生在美国的资产阶级政党那里，之后，在社会民主党那里也出现了这种情况，尤其是德国社会民主党。当不存在公认的领导人的时候，就会出现持续的退步，甚至在找到了这样的人之后，为了满足政党贵族的虚荣心和私人利益，也必定会采取各种妥协。

这架机器也可能被置于党务官员的统治之下，在他们手中常规事务都停止了。根据一些社会民主党圈内人士的说法，他们的政党已经屈从于这种“官僚体制”了。当然，如果领导有很强的煽动力，属下就很容易屈从于他的个性。追随者的物质利益和理想抱负都与政党的影响力密切联系在一起，而政党的影响力又与领导者个人的魅力极其相关，这种魅力让人们愿意为他工作。

在贵族带着一帮官员控制政党的地方，领导人的上升更为困难，这种情况通常发生在资产阶级政党。因为贵族决定了手下主席团或者说委员会成员的“生活方式”。抱怨煽动者为新出现的异类，证明政党经历的优越性（这种经历实际上相当重要），对政党旧传统没落的意识形态关注——所有这些因素都决定了贵族的行为。

他们指望党内一切传统要素，尤其是农村的小资本家选民去寻找自己熟悉的贵族的名字。他对自己不熟悉的人不信任，但只要这个人已经成功，他就越愿意永远跟着他。现在我们从一些主要的例子中来看一下两种结构形式的斗争——贵族形式和政党形式——尤其想一想奥斯特罗科斯基所描述的大众模式的上升。

首先，我们看看英国的情况：在 1868 年之前的政党组织，几乎纯粹是贵族组织。比方说，在乡下，托利党是从圣公会牧师、校长、尤其是各地大地主那里获得支持；辉格党的支持者则来自圣公会外的牧师、邮政局长、铁匠、裁缝、制绳者——从这些能够散布政治影响的工匠那里获得支持，因为他们与人们的交谈最频繁。在城市里，政党的差异，部分根据经济，部分根据宗教、部分根据家族传下的党派观点。但总的来讲，贵族是政治组织的支柱。

这些管理者当然占据着议会，政党掌管着内阁，它们的领导者要么是部长会议主席，要么是反对派领袖。领导周围都有“纪律委员”——政党组织最重要的职业政治家。职务举荐就掌握在“纪律委员”手里；猎职者不得不转向他，他安排你和镇上的代表熟悉。职业政客阶层逐渐向镇一级发展，刚开始的时候地方上招募的代理人是没有工资的；他们大体上和我们讲的“政党亲信”差不多。但同时资本主义企业家类型也在镇上发展起来了，这就是“选举代理人”，在英国保证公平选举的现代立法通过后，这些人的存在就是不可避免的了。

此项立法旨在控制竞选支出，力求控制金钱的力量，候选人必须申报自己的参选费用。因为在英国，候选人不仅要自己发言——与我们（德国）的形式大为不同——而且要自己掏腰包。选举代理人让候选人的花费打包，对代理人而言这常常是笔好买卖。议会和地方在

“领导人”和“政党贵族”之间进行权力分赃的时候，英国的领导人常常占据非常明显的地位。这种地位建立在非常醒目的事实上，这种事实就是他有可能拥有稳定的政治战略，尽管议会政党和政党贵族的影响力依然很大。

这就是古老的政党组织，它一半是贵族事务，一半是企业家组织。不过，1808 年之后，“成员会议制”发展起来了，首先出现在伯明翰选举中，后来遍及全国。一位非圣公会的牧师及其追随者张伯伦把这套制度带进了生活。这种体制发展的契机则在于选举权的民主化。

为了使整个组织处在永不停息的运动中，使每一件事情都制度化，有必要在城里的每个区都成立竞选协会。因此，地方竞选委员会雇佣的薪酬职员在数量上一定会有所增加；总的来说，地方委员会按选民的 10% 配备。当选的政党管理者有权招收新人，他就成为了政党政治的正式负责人。

驱动力来自于有志于从事地方政治的人士组成的地方圈子——地方政治常常是最有机会捞油水的。这些地方派首先要求的就是金融领域。这架新出现的机器，不再受议会的领导，随即不得不和从前的掌权者进行斗争，首先就是同“纪律委员会”进行斗争。由于有地方实力派的支持，它当然能在这种斗争中取胜，以至于“纪律委员会”不得不屈服、妥协。结果，一切权力最终集中在新出现的党魁手里。

在格拉斯登取得权力的过程中，这套体制就在自由党那里出现了，让这架机器对贵族转败为胜的关键是格拉斯登让人着迷的煽情，民众对他政策的伦理内涵坚定了信念，他们尤其相信他个人的道德特性。不久，政治中的凯撒式大众运动就出现了。

1877年，政党地方委员会在全国大选中首次变得活跃，并最终取得了辉煌的胜利，结果是得斯累利在成就的顶峰被迫下台。1866年，这台机器就已经朝“卡利斯马”型人物转动了，当提到国内统治问题的时候，整个机构从上到下都不问它是否真正代表了格拉斯登的立场；人们都朴实地听他说，跟他走：他们说，无论格拉斯登是对是错，我们都跟他走。这样，这架机器背弃它自己的创造者张伯伦。

这种组织要求大量的人手。英国有近2000人直接靠政治而活。他们积极参与政治活动确实是因为工作和利益，这远大于对地方政治本身的热爱。他们不仅从政党地方委员会政治中获得实际的经济机会，而且还能从中获得满足虚荣心的机会。当上一名“J. P.”或者一名“M. P.”当然与最大的（和正式的）野心一致；那些明显具有良好教养的人，即绅士，实现了自己的目标。当然最高目标是被封为贵族，对大金融梅萨纳斯而言更是如此。约50%的政党资金都依赖匿名捐赠。

那么，这整套制度的成效如何呢？现代议会中除了少数阁员（以及少数批判者）外，通常与良好服从意识的人们没有什么不同。在本国国会里，人们至少关注私人的职位，这就意味着他会积极建言献策。英国不需要这样的姿态；议员只管投票，不会对政党的背叛犯颜直谏。他只在鞭策之下现身，做内阁或反对派领导人命令的事情。在开放地区，如果地方政党领导人坚强有力，大权在握，整个地方党委会就完全没有原则可言。因此大众运动领袖实际上超越于议会之上。他通过这架机器让民众跟随他，对他而言议会成员不过是他的追随者行列中的政治分赃客罢了。

这些强有力的领导人是如何挑选出来的？首先，他们根据何种能力而当选？其次，根据何种意志而当选——对于全世界的选举都具有决定性——自然，煽动性演讲的力量是首当其冲的。自从像科布顿这样的演说家对知识分子发表演讲以来，以及格拉斯登这种掌握了“让事实说话”的技术的人出现以来，它的特征就已经改变。目前，常用的手段是纯粹的情绪——这也正是救世军为了发动群众常用的手段。人们也许会把目前的状态称为“利用群众情绪的专制”。不过，英国议会高度发达的委员会制使它成为了可能，并迫使每一个指望分享领导权的人都与委员会合作。近十年来所有重要的部长都把这种真实有效的工作培训作为一种背景。委员会的报告实践和审议的公开评论都是为选出真正的领袖、淘汰纯粹的煽动家提供了条件。

这是英国的情况，英国的成员会议制与美国的政党组织比起来，形式上要弱得多。美国的政党组织对每一种提前的、纯粹的表达都实行多数原则。

根据华盛顿的理念，美国要成为“绅士”治下的共同体。在他那个年代，美国绅士同时也就是一个地主，或者受过高等教育的人——这是首要的。在政党成立之初，国会代表成员坚持要成为领导者，这和英国贵族统治时期是 样的。在 1824 年以前，政党组织都是相当松散的，在那些现代发展开始起步的社区，甚至在 19 世纪 20 年代才出现了政党机器。

不过在杰克逊首次当选美国总统之后——作为西部农场主候选人参选——古老的传统就被颠覆了。1840 年后不久，国会多数派政党拥有的领导权就结束了。在一些开放的地区，议会几乎将它的所有权力都交给了政党机器，这个时候，最伟大的议会雄辩家，卡尔霍恩和韦伯斯特，都退出了政治生活。这样，美国的选举机器就发展得很早，因为执行者——这是关键——即官职举荐的主管，就是当选总统。根据“权力分离”原则，他在行使自己职权的时候几乎是独立于议会的，因此总统选举总是带来机会，胜利的价格，职务的薪水，这些都成为猎取的目标。我们可以得出结论：经由杰克逊，“分赃制度”就被系统地提升到原则高度。

分赃制度将联邦职务变成了获胜候选人追随者的职位，那么分赃制度对于今天的政党形式有什么意义呢？它的意义在于，完全没有原则的政党相互对立；他们纯粹是职务猎取者组织，根据得票率来改变自己的竞选纲领，将自己的色调变到尽管相似，但无从寻找的程度。政党完全是为选举运动而设计的，选举运动对于职务举荐最为重要：为总统之战和为州长而战。纲领和候选人在党的全国大会上当选不受议员的干涉。

由此，他们都是从党大会中涌现出来的，党大会的代表在形式上是民主选举的。这些代表又是其他代表议会产生的，其他代表又是“初选”产生的，而初选就是组织政党成员直选。在初选中，代表已经以国家领导候选人的名义当选。在党内，最头疼的事就是获得“提名”。毕竟总统手中有三四十万个职位，他只需各州参议员的赞成就可以行使这些任命。

参议员是有权的政治家。相比起来，众议院在政治上完全是无力的，因为职务举荐没有它的份，内阁成员，从助理到总统，都是独立于民众的信任在行使职权。人民选举的总统，可能会冒犯每一个人，甚至国会；这就是“权力分离”原则的后果。

在美国，分赃制度以这种形式获得支持，该制度已经在技术上成为了可能，因为美国年轻的文化能够承担起这种纯粹肤浅的管理。有三四十万个没有能力完成使命的党员在为国效力，他们的工作还不如说是为了更好服务于他们的政党，当然，这样的状态不能不存在巨大的恶果。如果不是存在无限的经济机会，没有哪个国家能够容忍这里首当其冲的腐败以及位居其次的浪费。

此时，那些出现在参选政党机械系统图中的人物就是老板。谁会是老板？他是一位政治投资家，这种投资也许为自己冒险提供选票。他也许作为一位律师或者沙龙召集者或者类似机构的业主或者债权人建立了自己最初的关系。在此基础上他开始展看自己的网络，直到能够控制一定量的选票。他拉到足够多的选票时就与相邻的其他老板建立联系，他用热情、技巧，当然首要的是明智，吸引那些领先者的注意，然后就得以提升。老板对政党组织而言是必不可少的，组织在他们手中集中化了。

他要提供大量资金，他怎么获得资金的呢？资金部分来于成员的捐赠，尤其是那些通过他及他所在的政党而获取职务的官员们的抽税。而且，还存在贿赂和小费。那些犯法而不愿领罚的人需要老板的默许，必须为此支付报酬；否则他将招致麻烦。这些都不能为政治投资家带来充足的资金，老板不可避免会接受金融巨头的金钱，这些巨头不愿为了选举把钱交给一位领薪官员，或任何其他从事公共职务的人员。老板在金融事务上明断的审慎，自然是这些企业家群体资助选举的不二人选。

典型的老板是一位绝对清醒的人。他并不追求社会荣誉；这种专业在上流社会是受人鄙夷的。他只追求权力，权力是金钱之源，他同时也权力而权力。与英国领导者相比，美国老板的工作是地下的。公共场合听不到他的声音；他建议演说者在公开场合一定要讲些什么，而他自己却保持沉默。原则上他除了当参议员之外，不接受任何职务。因为，根据宪法，参议员参与职务推荐，领导性的老板在这种机构中安插自己的人。根据对党的服务来分配职务，但明码实价拍卖职务也时有发生，每种职务都有自己的价码；这种卖官体系，就像人们熟知的17、18世纪的君主国、包括教会国为人熟知情况的那样。

老板不会有坚定的政治“原则”；他在态度上完全没有原则，只是问：“凭什么可以抓住选票?”他更多的是一位没有教养的人。但通常情况下，他过着不招人嫌的、惬意的私人生活。但在他的政治道德那里，他自然会调整自己去适应通常的政治行为的伦理标准，正如我们在紧缩时期在经济伦理领域内所做的那样。老板作为职业政治家当然会在社会上招人鄙夷，但他并不放在心上。

老板自己不会获得联邦高职位，他也不希望那么做，他拥有的是超越党派知识分子之外的经常性利益，这样一来，一旦老板相信某人在选战中具有巨大号召力，这些贵族们就可能成为候选人。古老政党的贵族一去不复返，这种事情只有德国还存在。这些没有原则的政党的结构，那些掌握权力的人社会声誉不佳，但他们帮助有能耐的人成为总统，而他们自己并不占据高位。老板们定然会抵制那些有损自己财源和权源的局外汉，不过在选战中，老板们经常不得不委曲求全，接受那些反对腐败的候选人。

由此可见，存在着一种强大的资本主义政党机器，从头到脚都组织严密，有超稳定的俱乐部支持着它。这些俱乐部，比如塔曼尼协会，同骑士集团一样，他们只是为了通过政治控制寻求利益，尤其是通过市政控制，这是他们相中的最重要的猎获目标。这种政党生活的结构在美国因高度民主而得以实现——美国是一个“新的国度”。相反，这种联系也是该制度日趋灭亡的基础。

美国不能总被肤浅之辈所统治，大约在十五年前，人们问美国工人，为什么他们愿意被那些他们鄙视的政客所统治，他们回答说："我们宁愿当官的人是我们鄙视的，也不愿像你们一样是当官的人在鄙视你们。"这就是美国民主的旧主张。不过即使在当时，社会主义者已经有了完全不同的看法，而如今的局面也已变得不堪承受。业余水平的行政机构已无法令人满意。《文官改革法案》设立了越来越多享受年薪的终身官职。

改革让那些经过大学培训的，比如那些非腐化的、胜任职位的人，进入官场。现在大约有十万个职位不再因为选举而换人。这些职位建立在资格考试的基础上，给当差者提供退休金。分赃制度由此退到了幕后，政党领导的本质有望被改变——不过，以何种方式来改还不得而知。

直到现在，德国政治管理的决定性环境的本质如下：

首先，议会没有权力。结果是具备领导才能的人没有谁愿意永远待在议会。如果有人愿意进入议会，他能在那里获得什么呢？当出现大臣职位空缺的时候，人们能对主管领导说："在我的选区有一个合适的能人，让他来吧。"之后也许能遂心愿——不过这就是德国议员能够满足本能权力欲的一切——如果他还拥有所谓的权力的话。

其次，有必要说明德国受训专家官僚制的巨大重要作用。这个因素决定了议会的无权。我们的官僚制在世界上是首屈一指的，这种官僚制的重要性伴随着这样的事实，官员们不仅要求官职而且也为自己要求内阁职位。在巴伐利亚州议会，去年正在对引入议会政府进行辩论的时候，据说如果州议员要在内阁谋职，那些有才之士就不再愿意从事政府工作。而且，英国委员会讨论的结果也显示出政府管理体系在避免这样的控制。当局让议会——少数除外——从自己内部培训出有用的管理性主管已不再可能。

第三个因素就是，与美国不同，在德国，政党拥有原则性的政治见解，他们的党员至少在主观上表现出真诚的世界观。现在，最重要的两大政党，天主教中央党和社会民主党，从一开始就是少数派，一直意味着少数派。德国天主教中央党的领导层从没掩饰过对议会民主的反对，因为他们担心保留少数派地位，这样要在政府中安插自己的人具有很大困难，一如他们对政府施压的困难一样。社会民主党是一个极具原则性的少数派政党，它同样感到了进入议会政府的困难，因为该党希望通过参与现存的资本主义政治秩序来维持自身。事实上，这两大政党都不赞成议会体制，这就使得议会政府成为不可能。

鉴于以上所讲，德国的职业政治家又是什么样的呢？他们没有权力、没有责任、甘当贵族的配角。结果，他们的新鲜活力，一直是靠一种行会本能来激发，这在任何地方都很典型。在贵族圈内，人们是在很小的位置上谋生活，个人如果不能得到这些贵族的支持就不可能走向高位。我们可以说出每个政党中很多人的名字，当然社会民主党也不例外，这些人具有领导才能，更确切地说是由于贵族不能容忍这些才能，他们的仕途成为悲剧。

我们所有的政党都有这个发展过程，都接受贵族的指导。比如说，倍倍尔依然是一位性格温和、秉性纯朴、谦逊才智的领导。他作为殉道者的事实，他从不背叛大众信任的事实，拥有群众的绝对支持。在党内，没有挑战他的权力，在他死后，这种领导就会结束，官僚制就会开始。工会负责人、党的书记、记者开始向上爬。官僚制的本能统治了政党——一种备受尊崇的官僚制已经在党内开始了。尽管我们说，与其他国家形成了鲜明对比，尤其是工会负责人时常腐败的美国相比，这是一支高度可敬的官员队伍。

从 19 世纪 80 年代开始，资产阶级政党完全成为贵族政党。确切地说，这些政党偶尔也会因为宣传目的吸收一些党外知识分子，以至于他们会说："我们用这样那样的人物。"但他们尽量避免让这些人参与选举；只有当实在无可避免，而这个人又过于坚持的时候他才会参加竞选。议会同样是这种氛围。我们的议会政党过去和现在都是受指导的。从国会大厦发出的声音事先在党内都是经过彻底审查了的。只有被召唤去发言的人能够讲话，人们很难再找到同英国或法国（由于和英国相反的原因）的惯例形成如此强烈对比的例子了。

此时，由于巨大的震荡，就是我们常说的革命，也许一种转变已悄然进行。我说的是也许而不是确定。一种新的政党机构出现了。首先，它们是业余机构，尤其各大学学生组织，他们告诉某人具有领导才能：我们想为你做必要的工作；开始吧。其次，商人组织，愿意进行运动的人们碰巧遇到具有领导才能的人，每次选举都如此。

如果你要我诚实地回答在这两种机构中我认为哪一种更可靠，单纯从技术政治的观点来说，我倾向于后者。但这两种机构都是快速出现的肥皂泡，转瞬即逝。现存的机构发生了转变，但工作还在继续。这种现象只是以下事实的征兆：只要有领导人，新的机构就会诞生。但是，甚至比例代表制的技术特性也在阻止着它们的诞生。只有街头群众的少数极权者崛起又衰落。只有在群众型极权领导的追随者们被严格纪律的形式组织起来的地方，才会有这些消失着的少数派的权力。

让我们设想所有这一切都将改变；人们可能会说，在我讲了上面那些以后，必定会清晰地认识到是政党的参选领导赋予了其追随者以“灵魂”，让选举成为理性的选举。就美国的情况而言，政党机器要成为有用的——不受贵族虚荣心干扰和独立见解的诱惑——这种领导的追随者对他必须盲目服从。林肯当选就是通过政党组织的这个特点，我们先前提到的格拉斯登，也同样如此。

这不过是接受领导指引要付出的代价。不过，只能在这两者之间做一选择：或者是挟“机关”而治的领袖民主制，或者是无领袖的民主制，即职业政治家的统治，他们没有使命感，没有造就领袖人物的内在超凡魅力的个性，这意味着党内叛乱者所处的那种习惯上称为“派系统治”的局面。从一开始，德国就选择了后者。今后，至少德国的情况是这样，这种情况会持续存在，联邦参议院将再次出现，将必然限制国会的权力，由此，它作为领导人选举机构的重要性就将凸现出来。

再次，它目前采取的形式——比例代表制，是无领导型民主的典型。这不仅因为这种形式有利于贵族之间的职位交易，而且因为利益集团可能迫使政党提出自己的职务候选人名单，从而创造一个非政治的议会，议会真正的领导没有施展的空间。如果德国总统是通过选举产生而不是通过议会产生，那么只有他才会成为领导需求的安全阀。

如果由全民选出的城市管理者，有权独立地对其官府进行组织，那么尤其是在大城市里，就能够产生以工作实绩为基础的领袖，对领袖的推举也会出现。美国已经是这样了，腐败日益严重，随时都有。它要求政党为选举而组织起来。但包括社会民主党在内，所有政党内都存在对领导者的小资产阶级的敌意，这就让未来的政党形式、所有机遇依旧晦暗不明。

因此，人们今天无论如何也发现不了政治管理作为一种职业是怎么塑造自己的。人们甚至很少发现是什么途径使得政治天才具有机会能够承担起满意的政治任务。那些从物质条件上将被迫靠政治而活的人，不得不仔细考虑选择干记者或者成为政党官员，把这作为典型的通途。否则，他就必须考虑一下作为利益集团的代表——比如说工会代表、商会代表、农会代表、艺人代表、劳动组织代表、雇主代表，等等，或者别的合适的政府职位。

关于外在方面就只能谈这些：同记者一样，政党官员是地位较低的背负骂名的人。他会常听人说他是“为钱写作的人”或“为钱讲话的人”，即便这些话并不当面讲。那些内心经受不起这些言语，不能给予自己正确回答的人最好远离这份职业。因为除了诱惑，从事这份工作常常带来的是失望。那么这种职业能带来什么内在享受呢？从事这种职业的个人应该具有什么个人条件呢？

首先，政治职业满足的是权力欲。影响大众、参与控制大众的意识，特别是将重要历史事件尽掌手中的感觉，能使职业政治家超拔于日常事务之上，即便是他处于形式上很平庸的职位上的时候也是如此。但现在他的问题是：我需要何种品质才能公正使用权力（尽管置身十个人利益狭隘的境地）？他如何能担负职权赋予的正义责任？我们从这里就进入了伦理领域，因为这个问题属于：如果一个人被允许执掌历史之轮，他必须成为什么样的人？

人们会说，有三种前定的品质对于政治家而言最为关键：热情、责任感、分寸意识。

这就意味着在实事求是的热情，出于天职的奉献，侍奉的要么是神要么是魔。它不是内在举止上如我的已故朋友西美尔常描述为“贫瘠的兴奋”意义上的热情，西美尔讲的那种热情尤其针对某类俄罗斯知识分子（也不是说他们全都如此）。这种兴奋在我们知识分子的狂欢中发挥了重要的作用，我们将这种狂欢粉饰为“革命”。它也是一种“智力爱好的浪漫主义”，陷入到没有客观责任感的空虚之中。

尽管真诚，但仅有热情也是不够的。除非热情能化作“天职”的奉献，让责任成为完成天职的指路明星，否则热情造就不了政治家。因此，需要有分寸意识。这对政治家而言是具有决定意义的心理品质：他有能力集中精力、冷静地让现实朝他希望的方向发展。由此他与事物和人之间都保持一定距离。“零距离”是政治家致命的错误。也是我们的新一代知识分子一旦养成便注定会在政治上无能的素质之一。

问题在于如何将热情和冰冷的分寸意识融合到同一个灵魂里面？政治是靠头脑工作的，而不是靠身体和灵魂的其他方面工作。然而，唯有热情能孕育、滋养政治献身，如果这种献身并不是头脑发热的智力表演而是真诚的人类行为的话。不过，严格驯服灵魂，无论怎么理解都只有习惯了分离才有可能，这就是充满激情的政治家与“贫瘠兴奋”、纯粹的业余政客之间的区别。政治家的人格力量首先指的就是拥有激情、责任感和分寸。

因此，政治家每时每秒都要克服内在大量细小的、人性的弱点：虚荣心、有碍于奉献天职的死敌以及所有的自我不认同。

虚荣心是非常普遍的品质，可能没有谁彻底摆脱了它。在学术圈，虚荣心是一种职业病，不过确切地讲，学者的虚荣相对无害；在这个意识上讲，它通常并不干扰科学事业。政治家的虚荣心就完全不同，他的工作不可避免的就是争取权力，因此，正如人们常说的那样，“权力本能”属于他的道德品性。不过，在权力的争取不再公正而是成为纯粹私人的自我陶醉的地方，背叛高贵的职业精神的邪恶出现了，进而取代了职业感。

因为政治领域最终只有两类致命的邪恶：缺乏公正——经常如此并不是总是如此——和缺乏责任。虚荣心让政治家尽可能走向前台，这强烈地诱使政治家犯这两种邪恶中的一种或两种。当煽动者被迫计较效果的时候这就更是如此了。他由此处于成为演员的危险之中，轻视自己行为的后果、只关注自己的形象。缺乏公正诱使他为权力的光耀外表奋斗甚于为真正的权力奋斗。缺乏责任心，说明他只享受权力而不顾后果。

尽管权力是不可避免的手段，争取权力是所有政治的一种驱动力，然而没有什么比新贵们炫耀权力对政治力量的扭曲更有害的了，这些人因拥有权力而自负，总的来说就是崇拜权力。纯粹的“权力政治”也许能获得很强的效果，但是这种工作没有方向也没有意义。（我们中还有一种提升了的狂热力图夸耀这样的人。）从这个角度讲，对“权力政治”的批判是绝对正确的。一旦权力轰然坍塌，我们就会发现这些自负而空虚的心灵背后隐藏着的脆弱与无能。就人类行为的意义而言，这很低劣，是一种肤浅腻烦的态度；它与所有行为的悲剧意识没有关联，只与政治行为有关，它们确实交织在一起。

政治行为的最终后果经常，不，甚至是有规律地，与最初的意图不符，甚至相互矛盾。一切历史基本上都是如此，这一点就不在这里详细论证了。不过一旦政治行为具有内在的力量，就一定不会缺乏天职感。所谓的天职，就是为信仰而争取权力、使用权力。政治可以为国家、人性、社会、民族、文化、世界或者宗教目的等服务。政治家的信仰支柱可以是“进步”——无论它的意义是什么——他也可能冷酷地拒绝这种信仰。他可能会宣称服务于某种“理念”，或者从原则上拒绝这种理念，他也可能想服务于日常生活的外在目的。但是，一定存在某种信仰。此外，这也是绝对真实的，人们毫无意义的咒骂甚至会让最强大的政治成功也蒙上阴影。

带着上述主张我们进入今晚讨论的最后一个话题：以政治为业的精神气质。如果完全不考虑它自身在人类行为的整体道德安排中的目标，政治能够完成什么使命？——也就是说，政治安身立命的伦理在哪里？当然，各种世界观相互冲突，人们必须作出选择。让我们来处理这个问题，近来人们已经再次开始讨论这个问题了，不过在我看来，讨论的方式本身就错误百出。

首先，我们得避免一种很小的错误：即是说，伦理学乍看起来是一种道德调和。让我们思考这些例子：你很少发现男人不为自己的移情别恋找借口，他会说：她不值得我爱了，或者她令我失望，或者其他类似的理由。这有失骑士风度，通过幻想的合理性来弥合自己不再爱她的事实。根据这种合理性，该男子为自己的行为伸张了一种权利，也让对方的错误为她的不幸埋单。那些成功的挖墙脚的人也以这样的方式进行着：对手定无价值，否则他不会失去她。

当然，如果胜利者在战后为自己辩解：“我赢了，因为我是对的”，那么和我刚才举的例子没什么两样。或者有人在战争恐惧之下心理崩溃，他不会说自己很害怕，而会说：“如果让我为魔鬼而战，我才不干”。战败方也经常讲这样的话。在战争中，每个人都应该像个男人，控制住自己的情绪告诉敌人：“我们输了，你们赢了，一切结束了”，而不是像个老女人一样在战后寻找负疚感。

现在让我们来讨论一下，根据已开始产生影响的客观利益，应当得出什么样的结论，从尤其要由胜利者承担的对未来的责任这个角度看，主要问题是什么。其他任何事情都不体面，都将为未来种下祸根。如果国家的利益受到了损害，尚且可以得到原谅，但国家的荣誉被冒犯，尤其是被一个偏执自负者冒犯，那没有谁会宽恕。数十年后披露的每一份文件都重新唤起了人们不光彩的悲痛、敌意和鄙视，这些东西不会随战争的终结而终结，至少在道德上是如此。终结这一切的只有公正、荣誉以及居于首位的尊严。

不过无论如何都不能依靠“道德”，道德会让双方都有失体面。这种道德不去关心政治家的兴趣、面向未来的责任，而是枯燥地从政治上关注过去那些悬而未决的“罪过”。如果存在着政治罪过的话，这种做法就是政治罪过。它忽视了这整个问题会由于物质利益的缘故：胜利者的兴趣在于最大限度的道德和物质收获；失败者的希望在于通过承认有罪而获得安慰。如果有什么是“庸俗的”，那就是利用道德形式作为合理化论证的手段。

政治与伦理之间是什么关系？是不是如人们有时说的那样，两者之间根本没有关系？或者相反：政治伦理与其他伦理没有两样？有时人们也相信这两种观点中存在唯一的选择——要么这种主张是对的，要么另一个主张是对的。任何伦理规范对爱情、商业、家庭等的要求都一样，这是真的吗？人们同自己的妻子、水果店老板、儿子、竞争者、朋友、被告人的关系是一样的吗？难道政治几乎不需要伦理，政治只是靠特殊的方式运行，即所谓的暴力支撑的权力。

难道我们没有发现布尔什维克和斯巴达克斯主义者的思想家把完

全相同的结论作为一切军事命令，仅仅因为他们使用了这种政治手段？那些统治工会和士兵委员会的掌权者以及他们的肤浅，与旧体制的掌权者的区别在哪里？新旧伦理的区别何在，或者说政治伦理与任何其他煽动者的伦理的区别何在？人们会说，不同之处在于他们有高贵的意图，就算这样吧！但我们这里讨论的是手段，他们的对手可以用同样的方式，以十分主观的真诚态度宣布，他们的终极意图也有着同样高尚的品格。“凡动刀的，必死在刀下”，战斗无论在什么地方发生，都是战斗。那么“山顶布道”的道德地位何在？

“山顶布道”的伦理，也就是我们说的教会的绝对伦理，这是比今天那些喜欢引用这些戒律的人所能相信的更严重的事件。这种伦理不是玩笑，这种伦理据说能在科学中找到因果性：这不是计程车，喜欢停在那里就那里；它要么是全部，要不什么也不是。确切地讲，这就是教会的意义，如果琐碎之事无关结局的话。比如，据说一位富裕的青年，“忧忧愁愁地走了，因为他的产业很多”，但福音书的戒律是无条件的和无歧义的：交出你的所有——你的一切。

政治家会说，只要不是全世界都遵循的伦理就是没有意义的伦理。政治家支持税收，没收性征税，毫无保留的没收；一句话，对一切进行强制和管理。伦理戒律一切不管，不关注就是它的本质。或者举例来讲“把另一半边脸转过来”：这个命令是无条件的，并不追问打人者的权威的根源。除非圣人，这条伦理并不高贵。它就是：一个人必须在每件事物中都感知神圣，至少在内心里定要像基督以及圣徒弗兰克斯那样。

这种伦理制造了意义，表达了一种高贵，其他的都不具备。据说，根据无限的爱的伦理，“不要与恶人作对”，政治家所持的主张则相反“必须以暴制邪”，否则你就应该为正义的失败负责。那些希望遵循教会伦理的人将放弃罢工，因为罢工意味着强迫；他会加入公司的御用工会。首先，他不会谈论“革命”。不要忘了，教会伦理并不希望教导人们说，内战是唯一合法的战争。那些听从教会安排的和平主义者拒绝扛起武器，或者说是抛弃了武器；在德国，这就是为结束一切战争所推荐的道德义务。

政治家会说，在可预见的未来，唯一确保不发生战争的方式就是维持现有的和平。那么国民会问，这次战争是为了什么？到那时，关于战争的争论将自相矛盾，这种矛盾现在是不可能有的。对于获胜的一方而言，至少对于部分获胜者而言，战争具有政治利益。一切罪责都因对手而起，都必须由他们承担。绝对伦理的后果就是，在筋疲力尽的战争时期结束之后，备受怀疑的不是战争，而是和平。

最后，让我们思考真理的义务。对于绝对伦理而言，它是没有条件的。各种公开出版的文件里，都是这样的结论，尤其是对自己国家进行责备的文件更是如此。基于这种一边倒的出版物，随之而来就是负罪感——它们是一边倒的，无条件的、无关后果的。政治家将发现，在辱骂和放纵的激情之下，真理不是得到加强而是被模糊化了；只有不带偏见的全面调查能孕育成果；其他程序带给一个国家的后果是几十年都无法治愈的创伤。不过关键的是绝对伦理并不问“后果”。

我们必须明白这样的事实，一切受伦理调节的行为都受某两种原则中的一种指导，这两种原则大相径庭、不可调和：要么受“信念伦理”的指导；要么受“责任伦理”的指导。这并不是说“信念伦理”就没有责任，“责任伦理”就是无原则的机会主义。自然没有谁这么讲，但是遵循“信念伦理”的行为——在宗教的意义上，“基督徒良心从事，结果任凭天裁”——与遵循“责任伦理”的行为有天壤之别，遵循责任伦理的人们必须对自己的行为后果有很好的预见。

你可以向一位虔诚的、持“信念伦理”的工团主义者说明，他的行为将增加反对的机会、他所在的阶级的压迫、阻碍其上升——你的话对它一点用都没有。如果善意的行为导致了糟糕的后果，在行为者看来，为此负责不是他，而是世界、其他人的愚蠢或者是上帝。但一位信仰“责任伦理”的人就会仔细斟酌人的每一种过失；如费希特正确指出的那样，他无权假设人们的善意和完美。他并不觉得当自己能够预见行为后果的时候要把责任推给他人；他会说：这些后果归于我的行为。“信念伦理”的支持者觉得责任就是善意之火不要熄灭；比如说，抗议社会不公正秩序的火焰。他全然非理性的行为的目的就是重新点燃这种火光；根据可能的成功来决断。他们的行为只具备示范价值。

但问题并不尽然，世界上没有什么伦理能避开这样的事实，在大量的实例中，要获得善的结果就注定要使用道德可疑或者说至少是具有道德风险的手段——面临出现邪恶副效应的可能。无法从世界上的任何伦理那里得出这样的结论：在某个时候、某个范围内，善的目的可以证明具有道德风险的手段及其副效应具有合法性。

对政治行为而言，具有决定意义的手段是暴力。当从道德的角度来审视以下现象，你就会发现目的与手段之间的张力：众所周知，战争期间革命的社会主义者在齐美尔瓦尔德会议提出一条原则，人们可以表示为：“如果我们要在多年战争引发革命与和平没有革命之间进行选择，我们选择多年战争。”进一步的问题是：“这种革命是怎么引发的?”每一位训练有素的社会主义者将回答：一位对经济转变不了解的人在我们看来不能被称为社会主义者；只要脱掉了封建因素和王室痕迹，资本主义经济将会复苏。为此结果，他们愿意面对“多年战争”。人们会说即便是非常粗俗的社会主义者，也会拒绝需要如此手段才能实现的目标。总的来讲，布尔什维克主义、斯巴达克主义，一切革命的社会主义，实际上都是如此。当然，如果站在这个立场，对旧政权中的“权力政治家”使用同样的手段加以谴责，那真是十分可笑的事，不管你在否定他们的目的上多么正确。

在证明目的与手段这个问题上，信念伦理看上去定会瓦解。事实上，从逻辑上讲，它只有一种可能性，就是拒不使用任何存在道德风险的手段——理论上如此！在现实世界里，我们常常遇到这样的经历，信念伦理的坚守者突然就变成一位千禧年的预言家。比方说，那些宣传“用爱反对暴力”的人现在呼吁为了最后的暴力行为而使用暴力，这种行为能导致暴力消逝的状态。长官们在每次进攻前都以同样的态度向士兵们说：“这是最后的行动，它将带来胜利和和平。”信念伦理的坚守者在世界处于伦理非理性的情况下将无法立足。他是“无限伦理”的理性主义者。那些了解陀思妥耶夫斯基的人会记得《大法官》中的场景，这个问题被极尖锐地展现出来。即使在目的使手段圣洁化这个原则上做一些让步，也无法让信念伦理和责任伦理和谐共处，或是判断应当用哪一个目的来圣洁化哪一个手段。

我的同事福斯特先生，从私人的角度我会高度评价他那无可怀疑的真诚，但对作为政治家的他我一点也不满意，因为他相信用一个简单的命题就可以使困难迎刃而解：“善生善、恶生恶。”如果真这么简单，问题的复杂性就不存在了。更令人的吃惊的是在《奥义书》发表两千五百年后，还有人相信这个命题。不仅世界历史的进程，就是每天的生活经历都直白地告诉我们，事实与这个命题相反。

全世界宗教的发展都是相反的事实决定的，古老的神学问题构成了这样的疑问，全能的主宰者为何创造如此非理性的世界，无辜者受害、犯罪者不受罚、无望的愚笨。要么主宰者并非万能，要么统治我们的是截然不同的奖惩原则——我们可以从形而上学的角度解释这种原则，或者我们永远理解不了这个原则。这个问题——世界非理性的经历——一直是宗教演变的动力。

印度的业报学说、波斯的二元论、原罪说、宿命论以及不可知论等等，这一切都源于这种经历。早期的基督徒完全明白，世界是被魔鬼掌控，从事政治的人，即是说争权夺利的人是与邪恶结盟，他的行为不是善生善、恶生恶，常常相反。任何不明白这一点的人，可以说都是政治白痴。

我们身处不同的生活圈，每一生活圈都受不同的规则支配。对这一事实，不同的宗教处理的方式各不相同。希腊多神教使得人们要么对阿芙诺蒂献祭，要么向赫拉献祭，要么向狄俄尼索斯献祭，要么向阿波罗献祭，人们知道，这些神之间相互冲突。印度的生活等级是让不同的职业服从不同的伦理规范，每个阶层与其他阶层永远隔离，因而实行的是固定阶层继承制。出身在那个阶层，就是那个阶层的人，终身不能改变，除非再次投胎于其他阶层。

从最高的宗教拯救的利益来看，这些职业被安置在各种不同的距离点上。由此，社会阶层制度根据各自固有的职业规范形成自己的阶层法规，从僧侣、婆罗门到流浪汉、娼妓无不如此。你会发现在《薄伽梵歌》中，战争已经整个融入了生活圈，导致了对克利须那神和阿都那神的信仰之间的改变。“做该做的事情”，即根据武士阶层的法规，做那些有义务的事情，以及根据战争的需要，做哪些客观上必然要求做的事情。印度教相信，这样的行为无损宗教拯救，倒是会促进拯救。面对英雄之死，他们确信他到了天堂，就同忠烈祠中的条顿人一样。印度的英雄会轻视涅槃，就如同条顿人看不起拥有天使唱诗班的基督教天堂一样。伦理的专门化使得根据政治可以根据自身的规则来形成完备的伦理条例，甚至极大地提高了这种忠诚的艺术。

真正激进的“马基雅弗利主义”，从通常的意思来讲，典型地呈现在印度文学中，在《考底利耶的利论》之中（此书远早于基督，据说是在旃陀罗笈多时代）。相比于这本文献，马基雅弗利的原则是温和无害的。众所周知在天主教伦理中——福斯特教授极力坚持的——福音劝谕是那些被选中过神圣生活的特殊伦理要求。僧侣定要避免流血、避免获利，不过站在他身边就有武士和商人，他们是可以这样做的，一个注定要流血，一个注定要逐利。

伦理等级化以及它有机融入的拯救学说比在印度更少有一贯性。根据基督信仰的前提，一定如此。世界的不健全在于原罪，这就允许将暴力融入伦理作为一种反对邪恶以及那些危及灵魂的异端的手段。但是山顶训诫要求的是一种终极目的的无限伦理，在宗教基础上暗含着一种绝对命令的法则。这些绝对命令保留了一种革命性力量，在每个社会变革时期都活力呈现。它们产生了激进的和平主义派别，其中之一在宾夕法尼亚进行了创建非暴力政体的实验。该实验过程很悲剧，由于爆发了独立战争，贵格会教徒无法用手中的武器捍卫自己的信仰——这场战争的理想。

通常来讲，新教徒绝对会认为国家是一种神圣的制度，暴力是一种合法的手段。新教徒尤其认为极权国家是合法的。路德将个人的战争责任减少了，转嫁给了政府。服从当局而不是信仰的其他要求不会犯罪。加尔文派认为原则性暴力是保护信仰的手段，他们认可宗教战争，而伊斯兰教徒从一开始就把宗教战争作为生命的一部分。人们知道绝不是现代社会才没有信仰，这种无信仰是从文艺复兴时期的英雄崇拜中产生的，对政治伦理问题构成了挑战。所有的宗教，尽管成功的程度大不相同，都不得不应付这个问题，根据前面所说，事情只能是这样。正是人类团体所运用的这种正当暴力本身所具有的特定用途，决定着政治中一切伦理问题的特殊性。

无论谁为了何种目的将暴力作为手段——每个政治家都这样做——都会到来特别的后果。尤其是十字军、类似的宗教组织和革命组织更如此。我们以当下为例，那些想要在世上通过武力建立绝对公正的人需要有一套人为的机器。他必须给这套机器分发内在或外在的必要的奖励，天国的或尘世的奖励，否则这台机器就无法运转。在现代阶级斗争的情况下，内在的奖励包括报仇雪恨的渴望得到满足；首当其冲就是怨恨和渴求貌似道德的自我正义：对手一定被辱骂和谴责为异端。外在的奖励是冒险、胜利、掠夺、权力以及分赃。

领袖以及他要取得的成功全依赖于这架机器的运转而不是靠他自己的动机。他同时有赖于是否能为属下带来持续不断的收获，即是说为红卫兵、信息员、鼓吹者以及他所需要的其他人。以他的工作环境来说，他实际获取职务并不在自己手中，而在于属下提供给他的动机，从道德上看，这才是主要的基础。只有属下对他这个人以及他的事业忠实信仰，他们才能为其所用；至少要部分属下如此，也许实际上根本不会是多数。这种信仰，即便主观上是真诚的，大多数情况下也不过是为渴求报复、权力、战利品和分赃寻求合理解释。

我们不会被晦涩之词所蒙蔽；唯物主义者对历史的解释不会被随意接受；历史不会因缺乏推动力而停止不前。沿着日常生活轨迹前进的人追随情绪革命；十字军领导人以及信仰自身的衰退，或者说更有效就是信仰成为那些政治无知之徒和实用技术人才的口头词的一部分。伴随着信仰斗争，这种发展尤为迅速，因为领导他们、激发他们的是真诚的人，即革命的先知。领导人所利用这种机器取胜的条件之一就是去个人化和路线化，简单来说，为了纪律要从心理上无产阶级化。夺权后，追随者常常更容易成为普通的分赃阶层。

无论谁想从事政治，尤其是想以政治为业，都必须意识到这种伦理悖论。他定要知道他要为在这种悖论影响下的自我行为负责。我再重申一次，他要遭遇潜伏于各种暴力中的罪恶。对人性和善充满无限关爱的伟人们，无论是来自拿撒勒还是来自阿西西、印度王室，都不会使用暴力的政治手段。他们的王国并不在现世，然而他们依旧工作在现世。普拉东·卡拉塔耶夫式的人物，以及陀思妥耶夫斯基所描述的圣贤人物，依然是同他们最相近的造型。

那些为自己和别人寻求灵魂救赎的人，不会寻求政治路径，因为政治采取的是完全不同的方式，它只能用暴力来解决。政治天才和政治魔鬼都活在一种爱神的内在张力之中，这种神的张力同教会宣讲的基督教的神一样。这种张力任何时候都将导致无可调合的冲突。即便是在教会统治的时代人们也熟知这一点。教皇的禁令曾一再施于佛罗伦萨，这禁令对于当时的人们及其灵魂得救所具有的强大力量，远远超出了——用费希特的话说——康德的道德判断力所具备的“轻微惩罚”。但是那里的市民仍要同教廷开战。如果我没有记错的话，马基雅弗利在他的《佛罗伦萨史》中，当谈到这一情况时，写下过一段美好的文字，借他的一位英雄之口赞颂佛罗伦萨的市民，因为他们将自己城邦的伟大，看得比灵魂得救还要重要。

当人们谈论“社会主义的未来”、“世界和平”而不是“城邦”、“祖国”的时候，一样会面临我们刚刚说的问题。所有通过带有暴力手段的政治活动来争取的事物，随之而来的都将是危及“灵魂拯救”的责任伦理。如果人们在信仰战争中追求是终极之善，带着一种纯粹的信念伦理，那么对数代人而言，这样的目标也许被破坏乃至抛弃，因为这里缺乏对后果的责任，剧中的演员根本不知道其演出将带来的恶劣影响。

这些人坚持不懈，由于他的行为、自负造成了大量的后果，对此他只能无望地屈服，除非他对其早有洞见。“恶魔已老；还是等老了再去理解它”，并不是指年龄，而是指漫长的岁月。我从不允许自己根据出生日期来进行讨论；有的人只有二十岁，而我已年过五旬，但这绝不是我去思考这是我有所成就的理由。年龄不是决定性的，关键在于专业地观察现实生活的一丝不苟，具有面对这种现实的能力、用内心去审视它们的能力。

当然，政治需用头脑行事，不过单用头脑确实也不行。在这方面，信念伦理的支持者是对的。我不是要给出建议应该遵循信念伦理还是责任伦理，也不能告诉人们什么该坚守这一个，什么时候该坚守另一个。能说的只有这么多：如果在你看来你所处的时代并不是“贫瘠兴奋”的时代——兴奋毕竟不是真实的激情，在这时突然冒出一些信念伦理的政治家，念念叨叨说：“除我之外，世界都愚蠢而丑陋。”“后果责任不在于我，而在于我所服务的人们，在于我要消除的那些愚蠢和丑陋者那里。”那么坦白地讲，我认为需要对支撑这种信念伦理的内在平衡度进行审视。

我所接触过的说大话的人，十之八九并没有意识到他们将给自己带来什么，完全沉醉于浪漫的感觉中，对此我深有感触。从人的观点来看，这些对我而言没有丝毫兴趣，也不令我感动。但是，当一个成熟的人意识到了自己行为后果的责任，并真心、真实地感知到了这种责任，这就给人巨大的感动。他遵循责任伦理行事，在任何行事之处他都会说："我坚守于此；我不能做别的事情。"这才是真正的符合人的主张，才是让人感动的地方。我们任何一个人只要头脑没有问题，定会意识到自己身处此境的可能性。只要这一点没错，信念伦理和责任伦理就并不冲突而是互补，它们共同构成了一个真实的人——一个能具有政治天职的人。

现在，女士们、先生们，让我们数十年后再讨论这个话题。不幸的是，我担心那时或许已是反动岁月降临到我们头上很久的时代。很有可能到那时，你们的希望（我真的相信），我的希望也如此，能实现的寥寥无几；很少并不等于没有，不过在我们看来就是几乎没有。这个现实并不会击倒我，但它意识到这一点确实是一种内在的负担。我希望到时能看到你们梦想成真，你们这些想成为真正具有原则性的政治家的人，陶醉在这次革命中的人。如果事情的变化方式，竟使莎士比亚十四行诗的第 102 首变成现实，那就简直太妙了：

那时正值春天，我们萌生了爱情。
我用我的情歌，迎接着它的诞生，
如夏日将临时，婉转啼唱的夜嘴，
到了成熟时节，才锁住它的喉咙。

这还不是事情的全部，无论哪个集团获胜，对于我们而言都不是夏日的灿烂，而是冰冷的极地之夜。在没有问题的地方，无论是恺撒还是无产阶级都失去了手中的权利。当长夜已过，那些春意盎然的人们，谁将活下来？你们到时会变成什么样子，会更痛苦还是更适应？你会对自己的职业、自己生活的世界无动于衷，简单接受吗？或者有第三种可能的命运：有神秘主义禀赋的人遁入神秘主义，或者是——经常出现这种令人厌恶的事情——跟随流行，强迫自己遁人神秘主义？在所有这些情况下，我都会得出结论说，这些人不适合在这个领域工作，他们没有能力应付这个世界由日常琐务组成的真相。实事求是地说，他们虽然自认为是在以政治为业，却并未体验到它最深层的含义。他们最好还是简单地做点促进人类之间单纯的博爱关系的事，至于其他方面，他们应当平静地处理自己的日常工作。

政治是件费力不讨好的工作，它既需要激情也需要远见。所有历史经验都证明了一条真理：除非知其不可为而为之，否则任何可能的东西都得不到。但这样做的人定是领袖，就通常的意义而言，这样的人不仅是领袖而且是英雄。即便既非领袖也非英雄，也定有坚韧的心，勇于面对一切希望的破灭。这一点是必须的，否则甚至在今天看来是有可能的事情，人们也不能够得到。只有那些以政治为天职的人才确信，即便他看透世界的愚蠢不堪，根本不值得为之献身，但仍为之；只有那些面对这一切仍会说：“没什么大不了的！”人，才会以政治为天职。

禁欲主义和资本主义精神

第一章　宗教团体与社会阶层

观察一下多宗教国家的职业统计，经常会发现这样一种情况，这种情况引起了天主教媒体、文学、德国主教会议的讨论，这种情况就是商业领导人和资本家、高水平技工，以及多数现代企业中技术上、商业上训练有素的个人，几乎全是清教徒。这种情况不仅出现在宗教差异和民族文化差异一致的区域，比如说德国东的德国人和波兰人那里。

在资本主义高速扩张期，在资本主义根据需求控制人口社会分配、决定职业结构的人和地区，宗教团体的数字都表明了同样的情况。资本主义获得的自由度越大，这种结果就越明显。现代工业和现代企业的所有者、管理层、高级技工中更多是新教徒的事实，部分根据历史环境来解释也是正确的，可以追溯到遥远的过去，那时宗教团体还不是经济环境的原因，在很大程度表现为经济环境的结果。

参与上述经济活动通常要有前期资本积累和受过费用高昂的教育；常常是这两方面都要有。今天这些人都依靠大量遗产，或至少家庭富庶。这些曾经是旧帝国经济发达、资源丰富的地区，尤其是大多数富裕的城镇，在 16 世纪都被新教徒接手。这种环境有利于今天新教徒的经济斗争。这里有一个历史性问题：为什么在这些经济高度发达的地区特别有利于爆发教会革命？这个问题绝不是人们想象的那么简单。

从经济传统中解放出来无疑是加强质疑宗教神圣性、质疑一切传统权威的一个因素。不过有必须提醒的是，人们常常忘记了，宗教改变并不意味着消除教会对日常生活的控制，而是代之以一种新的形式而已。它意味着一种松散的控制废除了，同时实践上很难看见的、更不正式的、有助于管理的控制开始了，这种控制针对整个行为，渗透到了公共生活和私人生活的所有领域，这种控制是无限的、沉甸甸的、需要付出真诚的。天主教过去和现在的统治都是“惩罚异端、纵容犯罪”，这种规则当今那些具有现代经济特征的人们是能容忍的，但是在 15 世纪的时候，当时最富裕、最进步的人们却抵制这种统治。

相反，加尔文教的统治对于我们大多数人来讲都是绝对无法容忍，牧师对一切可能存在的个体进行统治，正如 16 世纪的日内瓦和苏格兰，16、17 世纪之交的荷兰大部分区域，17 世纪的美国东部六州，以及英国一度出现的那样。那个时代生活在日内瓦和荷兰的大部分商业贵族都能感觉到这一点。那个时候这些经济发达区域的革新者们抱怨的不是教会控制过多，而是教会监管太少。那么，当时这些经济最为发达的国家，这些出现了资本主义中产阶级的国家，不仅没有抵制清教徒史无前例的专制，反而将对其的捍卫当作英雄主义，这是如何发生的呢？因为资产阶级从没有展示过英雄行为，卡莱尔的话颇有道理：它是“我们最后的英雄”。

但进一步讲，尤为重要的是：人们今天可能认为现代经济生活中的企业家、经理中间新教徒更多的事实，至少部分是因为他们继承了大量的财富。不过还是有其他现象无法通过这种方式来解释。我们只说其中的部分事实：在巴登、巴伐利亚、匈牙利都可以发现：尽管这些地方天主教徒和新教徒都将孩子送去求学，但是高等教育的类型差异很大。

天主教徒在高校学生和毕业生中的比例远远低于总人口比例，这也许可以根据财产继承的差异来说明。但就是天主教徒毕业生，学习技术、工业、商业的比例，总的来讲，学习为过中产阶级商业生活作准备的专业比例，远远低于新教徒。换句话说，天主教徒更倾向于人文艺术教育，这种情况是用财富解释不了的，但它是为什么很少有天主教徒从事资本主义企业的一个原因。

更令人吃惊的是这样一个事实，这个事实部分说明了为什么现代工业的高级工人中天主教徒的比例很小。众所周知，工厂是从有手艺的年轻人中挑选高级技工，但是新教徒比天主教徒的人更容易被选中。换句话讲，在技术工人里面，天主教徒更倾向于保留自己的技艺，即他们更多是成为能工巧匠；然而，新教徒对工厂感兴趣很大程度上是为了填补高级技工和管理层的空缺。这些事例无疑说明了从环境中所习得的精神特质，家庭或社区的宗教氛围支持这类教育，从而决定了职位选择和职业领域。

天主教徒在德国商业中占据很小比例更令人吃惊，因为它与我们时至今日观察到的趋势都背道而驰。民族或宗教少数派在政治地位上都是相似的，都屈服于统治集团，自愿不自愿地排除在政治权势之外，都带着一种特殊的动力从事经济活动。既然他们没有机会报效国家，他们中最有能力的人就想在经济领域大展鸿图，满足自己在该领域得到承认的愿望。这无疑是真实的，俄罗斯和东普鲁士的波兰人，比有权势的加利西亚的波兰人在经济上进步得多。

法国路易十四时期的胡格诺派、英国的不从国教派和贵格会，以及最后但并不是最不重要的一点，近两千年来的犹太人，情况都是如此。但是德国天主教徒在这方面没有显著的迹象。他们同新教徒不一样，不论在荷兰还是在英国，即便在他们受迫害或仅仅被允许存在的时候，在经济上也没有什么明显的进展。相反，新教徒（尤其是我们以后将要讨论的分支）无论处于统治阶级还是被统治阶级，无论是多数派还是少数派，都有特殊的倾向去发展经济理性主义，我们观察不到天主教徒有类似的情况，无论他们其处于何种形势。

由此，要解释这种主要的差异就一定要在稳定的宗教信仰的内在特征上去寻找答案，而不仅仅能停留在暂时性的外部历史政治环境中。我们的任务就是深入这些宗教中去查明它们到底具有何种特质从而导致了我们刚才描述的行为。基于肤浅的分析、流行的印象，人们可能会如此解释这种差异：天主教更关注彼岸，它最高理想的苦行特征一定培育出其信徒对俗世利益的冷漠。

这种解释迎合了时下人们对这两种宗教的判断。新教批评天主教的苦行，天主教则指责新教将一切理念世俗化从而导致了唯物主义。近来有一位作家用如下方式刻画了两者对待经济生活的差异：“天主教徒安静得多，很少有获取的冲动；相对于冒险和激情，他更倾向于安全，即便收入微薄，即便有机会收获荣誉和财富。格言讲‘要么吃得好，要么睡得好’。而新教徒更愿意吃得好，天主教徒更愿意睡眠得安稳。”

事实上，想吃得好也不错，尽管德国很多名义上的新教徒的动机特征不完全如此。但过去就完全不同：英国、荷兰、美国的清教徒完全不享受生活，我们将会看到，这样的事实对于我们目前的研究最为重要。法国的新教徒更是直到现在还保留着加尔文教的影响，尤其是宗教派别交错的地带。尽管人们都认为（在后面我们会问是否是这个原因）这个特点是法国工业和资本主义发展的重要因素之一，在很小的范围内通过强迫保留了这些特征。

如果我们把这叫作严肃性和强烈关注全部生活行为的宗教彼岸性，如果我们把严肃和强烈的宗教兴趣称为彼岸性的，那么法国的加尔文派过去和现在都同德国北部的天主教一样是彼岸性的，对于这些天主教徒而言，天主教义无疑是重要的东西，这一点世界各地居民对宗教的理解都一样。它们各自以相同的方式同本国的主流宗教方向区别开来。法国天主教的下层信众乐于享受生活，上层信众则直接对宗教持有敌意。同样，德国的新教徒投身于世俗的经济生活，上层对宗教非常冷漠。

任何事物都很难清晰地展示这种平衡，天主教所讲的彼岸世界的概念非常模糊，新教徒所讲的生活的物质享乐也一样，其他事物也如此，我们从中发现不了任何对我们有用东西。总的来说，这种区别既无法充分满足现状，也无法解释过去。如果有人想利用这种区别，别的几种观察就会立刻混杂着以上评论显示出，在彼岸、苦行和牧师的虔诚与参与资本收入之间表面上存在冲突，也许实际上存在某种内在联系。

从肤浅的观察就可以发现很明显的事实，基督徒中内心最虔诚的人都来自商界。尤其是大多数最热心的虔诚者都有这种渊源。也许有的人会解释说这是某种以防钻入钱眼的反应，部分是不适应商业生活的感性本能，如阿西西的弗兰西斯，这些虔诚者对自己的转变过程就作如此解释。同理，如此多的大企业主——依赖赛西尔·罗得斯——都出生店主家庭环境的事实可能被解释为，是对他们苦行教养的抗议。

但是这种解释形式遇到以下情况便无法说清了，同一个人和同一个团体，既具有超凡的资本主义商业感，同时内心的虔诚也渗透并主宰了整个生命。这样的事例并不鲜见，新教历史上的很多重要教会和派别就典型具有这些特征。尤其是加尔文教，在任何地方都显示了这种融合。在宗教改革鼎盛时期，它（或者其他新教信仰）与任何特殊社会阶级紧密联系都如此之少，特别是在迫害时期，有很多新教徒既是教会修道者也是商人，这一点很特别也很典型地出现在法国胡格诺派里。

甚至西班牙人都知道，是异端（荷兰的加尔文教）促进了商业，这与威廉·配第在讨论荷兰资本主义发展的原因时提出的观点是一致的。哥赛因曾恰如其分地将加尔文教徒在各地聚居地称为资本主义经济的温床。即使在这种情况下，或许也还可以把这些共同体所具有的法国和荷兰经济文化的优越性，甚或背井离乡对于打破传统社会关系所起的巨大作用，看作决定因素。但是我们从库尔伯特的斗争中得知，法国的形势即便在 17 世纪也是一样的。不用说别的国家，奥地利就甚至直接引进新教工人。

但并不是所有的新教团体在这方面都有同样的影响。加尔文教即便在德国，在这方面影响力也是最强的，伍珀塔尔地区的情况是，新教徒比其他人更促进了资本主义精神的发展，其他地区也如此。加尔文教与路德教两者无论从总体上还就具体而言，前者都更胜一筹，伍珀塔尔地区尤其证明了这一点。苏格兰的博克、英国诗人中的济慈都强调过这种联系。

有必要提一下，更让我们吃惊的是，在那些既富裕又坚持出世观的教派中，成长出大量过着宗教生活的精明商人，特别是在贵格会和门诺派那里。前者在英国和北美所起的作用与后者在德国和荷兰所起的作用一样。东普鲁士的威廉一世认为门诺派对于工业而言是必不可少的，尽管他们拒绝服兵役，这仅仅是众多为人知晓的事件的一件，但考虑到这位君主的性格，我想这也是最令人震惊的一件事了。最后，这种内心虔诚、外表精神的混合体，也是虔诚派的特征，这是共识了。

有必要考虑一下莱茵和卡尔夫地区的情况，在这种单纯介绍性的讨论中有必要用更多的例子。这些地区的情况表明：努力、上进以及称作别的无论什么由新教唤起的精神都得不到理解，因为有一种趋势认为启蒙所带来的就是享受生活。古老的路德派、加尔文派、诺克斯派、维沃特派，几乎与我们今天称作的进步无关。最极端的宗教人士都不愿容忍现代生活的所有方面，它们与之是直接对立的。

如果在古老的新教精神与现代资本主义文化之间有某种有待发现的内在联系，我们就一定会找到它，无论如何，都不是在所谓的唯物主义或者反苦行的生活享乐中寻找，而是从纯粹的宗教特征中去寻找。孟德斯鸠（《论法的精神》）谈到英国的时候说："他们之所以在世界各民族中进步最快，原因有三：虔诚、贸易、自由。"

他们的商业优势及自由的政治制度与孟德斯鸠讲的虔诚之间存在某种联系，难道这是不可能的吗？

当我们这样提问的时候，会隐约发现，它们之间的存在大量可能的联系。鉴于在历史题材中我们将发现无限的多样性，我们现在的任务就是将我们隐约感知的东西尽可能明晰地表达出来。为了做到这一点，我们有必要将模糊的抽象的概念放在一边，深入到基督教历史上存在过的各种伟大思想之中，去了解它们的特性和差异。

在这之前，有必要先说一下，首先就是我们要进行历史解释的现象的特殊性；其次就是这种解释能够在研究范围内的得以成立的意义。

第二章　资本主义精神

本章的标题用得多少有点玄乎——资本主义精神。这究竟是什么意思呢？要想给任何这一类的东西下一个定义，那就总会碰到某些困难，这些困难是这类考察本身的性质所决定的。如果“资本主义精神”这一术语具有什么可理解的意义的话，那么这一术语所适用的任何对象都只能是一种历史个体，亦即是一种在历史实在中联结起来的诸要素的复合体，我们是按照这些要素的文化意蕴而把它们统一成为一个概念整体的。

然而，这样一个历史概念，正因为就其内容而言它指的是一种由于其独一无二的个体性才具有意味的现象，所以它不能按照“属加种差”的公式来定义，而必须一步步地把那些从历史实在中抽取出来的个别部分构成为整体，从而组成这个概念。这样，这个概念的最后的完善形式就不能是在这种考察的开端，而必须是在考察之后。换句话说，我们必须在讨论的过程中对我们这里所谓的资本主义精神作出最完善的概念表述，并把这种概念表述作为这种讨论的最重要结果，这对于我们所感兴趣的观点来说，是最适宜的做法。此外，我们下面将会讲到的这种观点，对于分析我们正在考察的这种历史现象来说，绝不是唯一可能的观点。如果从其他的立场出发去考察这种历史现象甚或任何其他历史现象，也会获得与这些基本特征同样重要的其他一些特征。因此，根本没有必要把资本主义精神理解成仅仅只是我们这里所说的那种东西，因为我们这里所说的仅仅是对我们分析的目的而言的。这是由各种历史概念的本性所决定的，因为从历史概念的方法论意义来说，这些概念并不是要以抽象的普遍公式来把握历史实在，而是要以具体发生着的各组关系来把握，而这些关系必然地具有一种特别独一无二的个体性特征。

因此，如果我们试图对我们进行分析和历史阐述的对象进行概括，就不能根据概念，至少在一开始的时候只能对我们称为资本主义精神的东西进行一些描述。为了清楚地理解我们研究的对象，这样的描述是不可缺少的。为此我们现在先来看一个关于资本主义精神的文献，这文献以近乎于典型的纯粹性保存着我们正在寻找的那种精神，同时有利于摆脱与宗教的一切直接关联，这对我们的目的来说，避免了先入之见。

“记住，时间就是金钱。假如一个人凭自己的劳动一天能挣十先令，那么，如果他这天外出或闲坐半天，即使这其间只花了六便士，也不能认为这就是他全部的耗费；他实际上花掉了或者说是白扔了另外五个先令。”

“切记，信誉就是金钱。如果有人把钱借给我，但到期了我还没有还给他，我应该给他利息，就好像我在那段时间用了这钱一样。这相当于说一个人信用好，借贷得多并善于利用这些钱，那么他就会由此得来相当数目的钱。”

“切记，钱能生钱，金钱具有增值的本性。钱可生钱，所生之钱能再生钱，如此生生不息。五先令变成六先令，再变成七先令三便士，直至变成一百英镑。本金越多，生金越多，增值越快。谁若把下仔母猪杀了，实际上就是毁了它一千代。谁如果践踏了五先令，实际上就是毁了所有它本可生出的钱，很可能是几十英镑。”

“切记这句格言：善于用钱的人才是钱袋子的主人。谁如果公认是一贯准时付钱的人，他便可以在任何时候、任何场合聚集起他的朋友们所用不着的所有的钱。这一点时常大有用处。对年轻人的成长而言，除了勤奋和节俭，没有什么比事事守时和公正更有裨益的了；因此当到了你答应别人还钱的时候，不要拖一个小时，以免今后再也没朋友借钱给你。”

“如果事关信誉，再小也要放在心上。如果债权人清早五点或晚上八点听到你的锤声，这会使他半年之内感到安心；反之，假如他看见你在该干活的时候玩台球，或在酒馆里，他第二天就会派人前来讨还债务，而且急于一次全部收清。”

“行为谨慎还能表明你一直把欠人的东西记在心上；这样会使你在众人心目中成为一个认真可靠的人，这就又增加了你的信用。”

“记得常想自己的所有，生活要量力而行。很多用信用的人都犯过这样的错误。要想避免这个错误，就要在一段时间里将你的支出与收入作详细记载。如果你在开始时花些工夫作细致的纪录，便会有这样的好处：你会发现不起眼的小笔支出是怎样积成了一笔笔大数目，你因此也就能知道已经省下多少钱，以及将来可以省下多少钱，而又不会感到大的不便。”

“假如你是个公认的节俭、诚实的人，你一年虽只有六英镑的收入，却可以使用一百英镑。”

“那些一天乱花四便士，一年多花六个英镑的人，实际上是以不能使用一百英镑为代价的。”

“谁若每天虚掷了可值四便士的时间，实际上就是每天虚掷了使用一百英镑的权益。”

“谁若白白失了可值五先令的时间，实际上就是白白失掉五先令，这就如同故意将五先令扔进大海。”

“谁若丢失了五先令，实际上丢失的便不只是这五先令，而是丢失了这五先令在周转中会带来的所有收益，这收益到一个年轻人老了的时候会积成一大笔钱。”

这就是本杰明·富兰克林教导我们的话。费迪南德·古恩伯格在其《美国文化览胜》一书中认为，这些话是美国佬的一份自白，因而予以尖刻的讽刺。毫无疑问，这些话所表现的正是典型的资本主义精神，但我们很难说资本主义精神已全部包含在这些话里了。我们不妨停下来思考这些话，这种哲学用古恩伯格的话来概括就是：“从牛身上刮油，从人身上刮钱。”这种哲学的奇特之处就在于即便公认为守信之人也将之当作一种理念，首当其冲的观念就是认为个人有义务增加资本，这被视为自成目的。的确，富兰克林所宣扬的不仅是谋生的手段，而是一种特殊的伦理。违反这些规范不仅被看作愚蠢而且被认为是遗忘了义务。这就是它的实质。它不仅是商业上的老道——过于平凡之见，而是一种精神气质，我们感兴趣的正是这一点。

一位已退休的商业伙伴曾对雅克·福格说，既然已经赚够了就退休吧，把机会让给其他的人。福格拒绝，说这是胆小的表现：“我想的不一样，能赚的时候就赚。”这句话与富兰克林在精神上迥然不同。前者表现出了商业上的冒险精神和个人道德倾向中立的立场，后者则是具有伦理色彩的劝世格言。我们这里说的资本主义精神特指现代资本主义的精神——西欧和北美的资本主义精神，从我们谈的问题很容易看出来。中国、印度、巴比伦、古希腊、古罗马、甚至中世纪也存在过资本主义，但如我们将看到的一样，它们都缺乏这种精神特质。

现在我们来分析，富兰克林所有的道德观念都具有功利色彩。诚实有用，因为诚实能确保信誉；守时、勤奋、节俭都有用，所以都是美德。照这样的逻辑推理，如果装作诚实也能达到目的，真正的诚实在富兰克林眼中就是多余的浪费。事实上，富兰克林在其自传中讲述他如何皈依这些美德，或者关于严格保守自己节制的形象如何有价值的讨论以及如何努力自谦尔后得到众人赏识，所有这些都证实了上述的印象。按照富兰克林的观点，这些美德同其他所有美德一样，之所以成为美德，就在于对个人而言是有用的，能够帮助人们实现自己的目的；如果能保证实现同样的目的，虚有其表也未尝不可。这就是极端的功利主义的必然结论。在许多德国人的印象中，美国人所说的那套美德纯系虚伪，他们的印象看来在这一典型事例中得到了证实。但事实远非如此简单。

本杰明·富兰克林本人的品格就与此不符，他在自传中表现出超凡的率真。他认为认识到美德的功用是把人引入神圣正途的条件，这表明美德除了私利动机之外，还有更多的东西。

事实上，这种伦理的至善——挣更多的钱，严格避免各种自发的享受生活，因而没有俗世幸福更别说享乐掺杂其间。挣钱被纯粹看作是一种目的，如果从个人幸福或者功利的角度来看，这都是完全先验的、非理性的。挣钱主宰了人本身，占有就是生命的目的。经济收入不再作为人满足物质需求的手段，这颠覆了我们认可的自然联系，从朴素的理解来说，这太不理性了。但这就是资本主义首要的原则，对那些不受资本主义影响的人们来说，不可思议。同时，它又表达了一类与某种宗教观念密切相关的情感。如果我们问："为什么要在人身上赚钱?"富兰克林这位并不特别的自然神论者在自传中引用《圣经》作答："你看见办事殷勤的人吗，他必站在君王面前。"（《箴言》第 22 章第 29 节）这些在他年轻时他那加尔文教派的严父就反复灌输给他了。在现代经济制度下挣钱，只要挣得合法，就是美德的表现，就是善于履行天职；而这种美德和能力，正如在上面那段引文中以及在富兰克林的其他所有著作中都不难看出的，正是富兰克林伦理观的全部内容。

事实上，我们今天如此熟悉，但实际上又并非理所当然的观念，是个人的天职观，这是资产阶级文化的社会伦理中最具代表性的东西，而且从某种意义上说，它是资产阶级文化的根本基础。它是一种对职业活动内容的义务，每个人都应感到、而且确实也感到了这种义务。至于职业活动到底是什么，或许看上去只是利用个人的能力，也可能仅仅是利用（作为资本的）物质财产，这些都不重要。

当然，并不是说这种思想只有在资本主义条件下才会出现。恰恰相反，接下来我们将会追溯至资本主义出现之前的某个时代。我们自然也不会固执地说，现代资本主义企业中个人、企业家或者劳动者有意识接受这些伦理原则是当今资本主义继续存在的一个条件。今天的资本主义经济可以说是一个人生于其中的浩瀚宇宙，是自我呈现的规则，至少对于个人而言，这样的规则不可更改。只要人卷入了市场关系的体制，他就必须遵守资本主义的行为规则。假如一个制造商长期违犯这些准则，他就必然要从经济舞台上被赶下去，正如一个工人若不能或不愿适应这些准则就必然被抛到街头沦落为失业者一样。

今天事实上已经主宰了经济生活的资本主义，通过经济上适者生存的过程在教育、选择着经济主体。但是很容易看出来，选择作为一种历史解释的工具是有局限的。为了更好适应资本主义的选择特性，在生活方式上就必须主宰他人，这种生活方式一定起源于某个地方，它不仅仅来源于某个人，而是某一群人共同的生活方式。这种起源是真正需要说清楚的。按照朴素唯物论学说，这种观念是经济环境的反映或者说是其上层建筑，这一点我们接下来将详细说。这里，我们要大家注意一个事实就够了。这个事实就是，在本杰明·富兰克林的出生地（马萨诸塞），资本主义精神（就我们所赋予它的意义而言）无疑在资本主义秩序出现以前就已存在。早在 1632 年，就有人抱怨新英格兰那种不同于美国其他地方的专门工于计算的追求利润的行为。同样无疑的是，在与新英格兰接壤的某些殖民地以及较后加入美利坚合众国的南方各州，资本主义远没有如在新英格兰地区那么发达，尽管这些殖民地及州是由一些大资本家出于商业动机建立的，而位于新英格兰的各殖民地则是由于宗教方面的原因由传道士、神学院毕业生在一些小商人、工匠以及自耕农的帮助下建立起来的。这里的因果关系正好与按唯物主义观点得出的因果关系相反。

但是，这些观念的起源和历史远比坚持上层建筑说的理论家们想象的复杂。资本主义精神，在我们所用的意义上而言，必须同整个世界的敌对势力斗争才能取得统治地位。我们曾引用过富兰克林的几段话，这些话里表现出的精神状况，虽曾唤起整个民族的共鸣，但是在古代和中世纪都被认为是最令人鄙夷的贪婪，整个是没有尊严的。事实上，一切尚未卷入或尚未适应现代资本主义环境的社会群体，今天依然这么看这种思想。这并不像人们常说得那样，完全是因为在这些时代认识能力不够发达；也并不是像那些爱幻想的作家以为的那样，在资产阶级资本主义势力圈以外，不像在其圈内那么强烈。在这一点上资本主义与前资本主义没有区别。中国的清朝官员、古代罗马贵族、现代农民，他们的贪欲一点也不逊于任何人。不管谁都会发现，一个那不勒斯的马车夫或船夫，以及他们亚洲国家的同行，还有南欧或亚洲国家的工匠，他们在同样的环境比英国人对黄金的欲望要更强烈，尤其是更寡廉鲜耻。

在那些按照西方标准来看资本主义发展很落后的国家，很奇特的一点就是普遍存在靠挣钱来满足私利，而且绝对没有道德可言。老板们都知道，这些国家的伙计（可用意大利与德国作比较）缺乏自觉性（coscienziosita），这一点以前是、现在从某种程度上讲仍然是这些国家资本主义发展的主要障碍之一。正如我们在富兰克林那里所看到的，资本主义不能使用那些无组织纪律的劳工，就像它不会用那些在做事过程中完全不讲道德的商人一样。因此差别并不在于挣钱动机的发展水平。自从有了人，就有了对黄金的贪欲，有一些人让黄金欲成为不受控制的欲望，并全身心地顺从它。比如那位荷兰船长，他“要穿过地狱去寻宝，哪怕地狱之火烤焦了船帆也在所不惜”，但我们可以看到，这些人并不是产生出作为一种普遍现象的现代资本主义精神的那种大众心态的代表，了解这一点是十分重要的。在历史上的任何时期，在任何存在残酷掠取的地方，注定没有伦理规范可言。贸易就像战争和海盗行为，在与外来者、外来集团打交道的时候，常常没有规则拘束。伦理上执行双重标准，内部兄弟间可以做的，外人就绝对不行。

在国内，资本主义的获利被各种经济体当作一种投机事业，他们用钱交易，并通过克门达（commenda）、租税承包、国家借贷、战争资助、公爵朝廷及官吏，提供机会。同样，这些投机商从内上来讲，普遍嘲笑各种伦理限制。获利过程中的绝对的和有意识的冷酷无情的态度常常最紧密地与最严格地遵从传统联系在一起。而且，突破传统或多或少带来了自由经济企业的扩张，即便对社群内部而言，新事物的诞生并不在于伦理上的公正和鼓励，而在于事实上的宽容。很不幸的是，人们不可避免地要么把这个事实看作是道德淡漠，要么看作是义务责任。这不仅是所有伦理教诲的通常态度，而且更为重要的是，这是前资本主义时代每个人行为中表现出的态度。我们这里说的前资本主义时代是指在企业的经济活动中，资本的理性使用、劳工的合理安排还没有成为决定性的力量。而各个地方的人们在适应一种有秩序的资产阶级-资本主义的经济状况时，他们所遇到的最顽固的心理障碍之一恰恰正是这种态度。

资本主义精神最强劲的对手是宣称伦理约束力的一套明确的生活标准，资本主义精神不得不与它斗争，我们把那种对新形势敌对的态度成为传统主义。每一种试用对此给出最后定义的尝试也必须放在一边。另外我们可以略举几例以说明其暂定含义。下面我们就从劳动者开始说起。

现代雇主为了最大限度从伙计那里挣钱设计出的其中一种手段就是计件工资（piece rate）。以农业为例，气候变化无常，收成就看劳动的强度，使获高利还是赔老本就得看收粮的速度。这行普遍采取计件工资。既然对收割速度的兴趣随着劳动强度和成果的增加而增加，增加单件工资的努力就一再做出，让工人有了获得高薪的机会，以便刺激他们的效率。但经常会碰到这样的困难：单件工资提高后，在同样的时间段内，完成的不是更多而是更少。因为劳动者对工价提高的反应不是增多而是减少其工作量。例如，某个人按每英亩1马克的价钱一天收割了2.5英亩地，从而挣得2.5马克。现在，工价提高到每收割1英亩得1.25马克。本来他可以轻而易举地收割3英亩地，从而挣得3.75马克。但他并不这样做；他只收割2英亩地，这样他仍然可以挣得他已经习惯得到的2.5马克。挣的多一些并不比挣的少一些来得那样诱人。他并不问：如果我尽力去做，那么我一天能挣多少钱呢？他却这样问：我要做多少活才能挣2.5马克呢，我原来就挣这些钱，并且够我原来的需求。这就是传统主义的一个例子。人们不是本能地想挣得越多越好，而是想过习惯的生活，只挣满足需要的钱。在任何现代资本主义起源的地方，它的工作就是通过增加劳动强度来提高劳动效率，而这都遭遇了传统的顽强抵制。今天，它越是遭遇到这种抵制，它不得不对付的劳动力（从资本主义观点看）就越是落后。

让我们回到这个例子上。既然通过提高工资来刺激获利本能的方法不能奏效，那么，另一种显而易见的可能性就是试用截然相反的政策，即减少劳动者的工资，迫使他们付出更多的劳动以挣得与先前数目相同的工资。低工资和高利润甚至到今天在那些浅薄的观察者眼中仍然是相互关联的；每一件用工资偿付的事似乎都牵涉到相应的利润下降。资本主义从它一开始起步，就一再地采取减少工资的方法。低工资就是多生产，也即是说，低工资增加了劳动的物质结果，因而，如同库尔的彼埃特（Pieter de la Cour）很早以前就此所言（我们将会看到，他的说法很合由来已久的加尔文主义精神），只是因为并且只要人们还很贫穷，他们才会劳动。这种观点在长达几个世纪的时间内一直被人们奉为一种信条。

但这种表面上如此有效的方法，其效率却是有限的。对于资本主义的发展而言，增加人口，以便在市场上招募到更便宜的劳动力就是必需的了。然而，尽管大规模的产业后备军对于量的扩张是有利的，但对质的发展，尤其是转向劳动高强度的企业而言是一种阻碍。低工资并不等于低廉的劳动力。单纯从量的观点来看，劳动效率会随着工资不能满足生理上的需要而下降，而这归根结蒂甚至意味着不适者的生存。今天，一个普通的西里西亚工人，即便他尽心竭力，也只能挣得报酬较高、营养较好的波美拉尼亚人或梅克伦堡人所收割土地的三分之二多一点；一个波兰人，他的家乡越是向东，越是远离德国，他所做的活儿，比一个德国人所做的，也就越少。即便从纯粹商业的角度考虑，在任何需要熟练工人而出了生产问题的地方、在任何购置了昂贵机器极易被破损的地方、在任何需要高度专注和创新的地方，低工资都是失败的。低工资并不能奏效，只能与初衷适得其反。因为一种高度责任感不仅是绝对必不可少的，而且至少是工作时间内，不能有思考挣多少钱才能出力最少生活最安逸的态度。相反在劳动者必须在劳动者感到这就是目的，就是天职。但这样的态度绝不是一种自然产物。单靠低工资或者高工资是唤不起这种职业感的，它只能是长期艰辛教育的结果。今天，已经占据了统治地位的资本主义，在各工业国家中都可以相对容易地招募到劳动力。而在过去，这在任何一个国家都是极其困难的问题。即使在今天，如果没有一支强大的同盟军支持，资本主义或许也不能前进半步。下面我们将会看到，这支同盟军在资本主义的发展过程中一直伴随左右。

通过例子能再次说明我要讲的东西。今天，女工，尤其是没有结婚的女工，常常代表了一种传统落后的劳动方式。女工的雇主们常常抱怨，拿德国女工来讲，她们不能或者说不愿放弃继承下来的劳动方式，她们也不通过学习采用更有效的新劳动方式。即便给她们解释说采用这些方法工作更容易一些、挣钱更多一些，她们也听不进去。提高计件工价的方法在习惯的石墙前总要碰壁，不能奏效。那些信教，尤其是虔诚宗的姑娘除外，这在我们看来非常重要。常听这样说，且统计研究也证实了这一点，最好的经济教育机会也被发现在这个群体之中。精神高度集中的能力、必备的职业责任感以及计算高收入可能性的严格的经济思想、冷酷的自我控制、节俭都极大提高了她们的成绩。这对将劳动看作目的、天职对资本主义来说是必需的观点来讲打下了最有利的基础。在宗教教育的背景下最有可能战胜传统主义。对当今资本主义的这一观察结果本身就意味着有必要问一问，对资本主义的适应性与宗教因素在资本主义早期发展的日子里是怎样结合起来的。因为，可以从无以数计的例子中推论出，这些宗教因素甚至在当时就以与现在大致相同的形式存在着。例如，18 世纪卫斯理教徒工人在他们的同志们手中所遭遇到的憎恶和迫害绝非仅仅是，甚至也不主要是他们在宗教上持异端观点的结果，英国就曾有过许多这样的和更加惊人的观点。他们所遭受的憎恶和迫害，正如一些报告中提到他们的工具遭到破坏所暗示的，是由他们那种如同我们今天所说的非常愿意劳动引起的。

然而，还是让我们再次回到现在，这次讨论企业家，以便以阐明传统主义在对他们来讲意味着什么。索姆巴特讨论资本主义起源的时候，区别了需求的满足和收益的满足，他认为它们是经济史上主要的两大原则。就前者而言，所得必满足个人所需；就后者而言，获利并不限于私人需要，获利就是目的，这控制了经济活动的形式和方向。他讲的需求经济初看起来就等于说是经济传统主义。如果他讲的需求就是指传统的需求，那么这是对的。但是，如果需求概念并不仅限于传统需求，那么，一些经济类型（按照索姆巴特在其著作中的另一部分中给资本所下的定义，这些类型必须被认作是具有资本主义性质的）就要被排除在获利型经济的范畴之外，而被归入到需求型经济的范畴之内。也就是说，私人利用资本（货币或值钱之物）获利的企业，即买进生产资料卖出产品的企业，无疑都是资本主义企业，但同时也可能具有传统特征。这在现代经济史上，绝不是偶然的情形，相反这是一种规律，只是由于资本主义精神反复而又日益有力的征服，才不断地被中断。诚然，企业的资本主义形式和经营企业的精神一般都处于某种相互适应的关系，但是，它们并非处于一种必然相互依赖关系。尽管如此，我们暂且使用（现代）资本主义精神这一用语来描述那种理性地而且系统地按照我们曾用本杰明·富兰克林的例子来说明的方式去追求利润的态度。然而，这已得到如下这个历史事实的证明：一方面上述的心态在资本主义企业中找到了它最合适的表达，另一方面，企业又从资本主义精神那里获取了最适合它的动力。

但这两者也可以分别发生。本杰明·富兰克林一度充满了资本主义精神，但他的印刷事业同时在形式上与任何手工企业没有区别。我们将会看到，现代之初，商业贵族中的资本主义企业家，他们绝不是我们所谓资本主义精神的唯一承担者或主要承担者。更多的是那些处在上升中的中下层工业阶级体现了这种精神。即便到了 19 世纪，它的典型代表也不是利物浦、汉堡的优雅绅士（这些人的商业财富荫袭祖辈）而是曼彻斯特和西法利亚的那些多在非常普通的环境中靠个人奋斗而发财致富的暴发户。早在 16 世纪，当时的情形很类似；那个时候崛起的工业大部分都是暴发户创建的。

经营管理，比如银行、大宗出口业务、大零售商的管理，或者出售家庭制品的大型企业的管理，确实只有在资本主义企业的形式下才是可能的。尽管这些企业可能还带有传统精神。事实上，大型发行银行不可能通过别的任何方式来运行。长达几个世纪的外贸都依靠垄断和具有严格传统特征的合法特权。在零售业中——我们在此并不讨论那些整天喊着要政府资助过活毫无资本的小人物——结束旧传统的那种革命依在摇摆之中。将旧有的放利体制毁灭的，正是同一场革命；现代家庭劳动与这场革命只是在形式上有联系。这场革命是怎么发生的、采取了什么样的重要的方法，尽管我们都很熟悉这些事情，但是接下来还是要通过具体的例子来说明。

直到上个世纪中叶，食利者的生活——至少在大陆很多纺织厂的分支里如此，即便在今天看来也是很舒适的。他们的日常生活我们可做如下想象：农民带着通常自己手工生产的布来到食利者生活的小镇，在其布的质量被仔细作一番官方鉴定后，以通行的价售出。因为市场比较远，食利者的主顾都是那些中间商，这些中间商一般来讲不是依照样品，而是找出传统品质买进，或者拿货前很久就下订单，这些订单十有八九都被转到农民那里。顾客个人订货的几乎没有，即便有也间隔时间长。通过书信往来就足够了。后来送货样的做法渐渐时兴起来。做生意的时间适中，一般一天五六个小时，有时更短一些；在旺季，时间要延长一个小时。收入也可以，足以过上受人尊敬的生活，年头好的时候还可以积蓄一些。总的来讲，竞争者之间关系相对良好，对商业的基本原则大致认同。他们长期光顾酒馆，时常畅饮，有意气相投的朋友圈，生活舒适而悠闲。

这种组织形式从各个方面来说都是资本主义的；企业家的活动具有纯粹的商业特征；将资本再次投入商业中是必不可少的；最后，经济过程的客观方面——簿记是理性的。但这是传统的商业，如果想一下这种激励企业家的精神：生活的传统态度，传统的利率，传统的工作量，规范劳资的传统关系，传统的顾客圈子，招募新人的方式。所有这一切决定了商业行为，可以说在根上是这群商人的精神气质。

现在这种悠闲的生活在某一天突然中断了，从组织上没有任何本质性的改变，比如变成了联合工厂、机械纺织等等。相反，所发生的无非是这样：某个出生食利家庭的年轻人跑到乡下，仔细为买主挑选他要雇用的织工，大大加强了对他们工作的监督，于是把这些乡下农民变成了工人。另一方面，他改变了销售模式，尽可能把货物卖到最终的买主，他对一切细节都了如指掌，每年还要走访顾客，征求他们的意见。最重要的是，他还调整产品的质量，直接迎合他们的需要和愿望。与此同时，他引进薄利多销的原则，这种理性化过程的结果到处可见：那些不愿跟随的人只有关门大吉。在残酷的竞争面前，松散状态垮塌了，获取受人尊敬的财富，不再是放贷，而是投资商业。古老安逸的生活态度烟消云散，变成了刻薄的节俭，在这个过程中，一些人参与进来，一些人登上了顶峰，因为他们并不希望消费，只希望多挣钱，那些希望固守传统的人被迫削减了他们的消费。

在这个前后交接的点上，最重要的是引起这场革命的并不是新钱源源不断涌向工业——在我知道的几起事件中，整个革命过程都是从亲戚那里借来几千资本推动的——而是新的精神，资本主义精神，开始起了作用。现代资本主义的扩张问题并不是资本的起源问题，而是资本主义精神的发展问题。在资本主义精神出现的任何地方，它都能够发挥作用，产生自己的资本和货币供给作为实现自己目的的手段，相反的情况却没有。它的出现看起来并不和平。各种怀疑、仇恨甚至道德义愤总是滔滔不绝地涌向第一个革新者。人们还千篇一律地——这类事例我略知几个——捏造出一些关于他从前生活的隐私污点的传说。只有超乎寻常的坚强性格才能使这样一个新型的企业家不至丧失适度的自我控制，才能使他免遭道德上和经济上的毁灭。否认这一事实当然是再容易不过的事情了。而且，只是因为这种新型的企业家具有确定不移且是高度发展的伦理品质，以及洞若观火的远见和行动的能力，他才在顾客和工人中间赢得了不可缺少的信任。没有任何别的东西能够给予他克服重重障碍的力量，更重要的是，没有任何别的东西能够使他承担起现代企业家必须承担的无比繁重的工作。但这些伦理品质完全不同于过去的传统。

一般来讲，这些并不是胆大妄为、不顾德行的投机商所为——这些人是我们在各个历史时期遇到的经济冒险家，同样这些也不是大金融家所为，而是那些在艰辛中成长起来的人们。他们既精明有胆大，首要的是节制、可靠，带着严格的资本家的观点和原则全身心地投入商业。人们常常认为，这些人的道德品质与伦理原则没有一点关联，更别说与宗教思想了，它们之间的关系是不存在的。摆脱传统的能力、某种自由的启蒙，看上去最适合成为商人成功的基础了。今天基本上就是这样。任何宗教信仰与行为之间的关系都是缺乏的，在任何存在的地方，至少可以说在德国，这种存在的影响也是负面的。今天具有资本主义精神的人们对教会如果说不是敌对的，至少是冷漠的。

对天国的虔诚的厌倦这种想法对他们的积极本性也几乎没有什么吸引力。宗教在他们看来就是在这个世界上把人们引离劳动的手段。如果你问他们无休止的辛苦有什么意义，为什么不满足已经得到的东西，这些对于纯粹的俗世生活的观点来说没有什么意思，他们将会回答说，“为了供养儿孙”。但是既然这样的理由并不特殊，对于传统主义者也同样有效，那么更准确简单的回答是，持续运行的商业已经成为生活必需的一部分。事实上，这是唯一可能的动机，但与此同时，从个人幸福的观点来看，它表达了这类生活是如此的不合理性：在生活中，一个人是为了他的事业才生存，而不是为了他的生存才经营事业。

当然，追求仅靠财富就能获得权力和承认也起了作用。当整个民族转向对纯粹数量的追求，比如美国，其成员的浪漫主义便对商人中间的是人们产生了无可抵抗的吸引力。但是这一观念通常并不能吸引那些真正的领导人，更不能吸引那些不断获得成功的企业家。当然，也有一些商人坐享世袭而来的财产和贵族封号。他们将自己的儿子送进大学或官场，让他们用自己的行为掩盖其社会出身。资本主义企业家的理想类型，正如大陆杰出代表在德国呈现出的样子，与这种或多或少受过文化教养的拼命往上爬的人毫无关系。他行事并不张扬、花费并不铺张，他有意识地享受自己的权力，而羞于社会承认给予的外在标签。换句话说，他的生活态度明显具有禁欲倾向，我们在引用富兰克林的话中可以看到这一点，这个事情的历史意义我们必须探究。即是说，这绝不是例外，毋宁说是规律，这些资本主义企业家拥有一种质朴，这种质朴与富兰克林评价的精明相比，更多的是一种本质上的诚实。他并不从财富那里为自己争取什么，只有一种必须把职业做好的非理性的感觉。

但正是这一点对前资本主义的人来讲是如此的不可理喻、如此的神秘、如此的不值得、如此的不屑。在他们心目中，每个人毕生工作的唯一目的，就是让自己钻进一个负载着大量金钱和财富的坟墓中去。而且这一切只有当作反常本能的产物，即“钱迷”才可以得到说明。

在当前我们个人主义政治、法律、经济体制下，组织形式和社会总结构是相对于我们的经济秩序而存在的，资本主义精神在很多人看来都是不可理解的，只把它纯粹看作是适应的产物。资本主义非常需要人们投身赚钱的事业，正是这种物质性态度很好适应了这个制度，在为生存进行经济奋斗的过程中如此紧密地结合在一起，今天已经不存在把获取财富的生活方式与任何单一世界观进行必要联系的问题。事实上，它不再需要宗教力量的支持，然而这种不正当的干预已经微不足道，已经不能与国家制定的规章制度对经济生活的干预相提并论。在这种的环境中，人们的商业利益和社会利益具有决定他们观点和态度的倾向。无论是谁，只要他的生活态度不能适应资本主义的成功就一定会走下坡路，至少不能崛起。但这些现象都出现在现代资本主义已经占据了统治地位、摆脱了古老支持的时候。但它一度只有与成长中的现代政权联盟才能摧毁中世纪旧的经济生活方式之时，我们暂时可以说，它很可能与宗教的力量有关联。它与宗教到底有没有关联，是什么意义上的关联，这一点正是我们研究的任务。因为把挣钱本身当作目的，当作一种天职，这是与那个时代背道而驰的，这一点几乎无需证明。“你们很难使上帝满意”（Deo placere vix potest）这一教义在当时已经与教会法规合而为一，并且直接用于评价商人的活动了。圣·托马斯把追求财富看作是可耻的（这一用语甚至还用来指责那种不可避免的因而在伦理上是完全正当的获利），他的这一论点在当时被奉为真理。同样，上面这一教义（像福音书中关于利益的章节一样），也被视为真理。因而，与社会大多数人所持有的那些更加激烈地反对财富的观点比较起来，这一教义实际上已经包含着天主教教义对财政势力的相当程度的妥协，而在意大利的一些城市，教会已经与这些财政势力建立起了十分密切的政治关系。但是即使在这一教义较好地调节了实际情况的地方，人们的那种伦理感情也从来没有被彻底征服（例如佛罗伦萨的安东尼就是这样），——那种为获利而获利的活动归根结底是一种可耻行为（pudendum），这种行为之可以被容忍，仅仅因为俗世不可改变的必然状况而已。

那个时代的一些道德家、尤其是唯名论派的道德家，视发达的资本主义商业模式为不可避免的，试图为之证明，他们特别认为商业是必需的。尽管不是说没有矛盾，但他们也认识到，工业发展是利润的合法来源，因此无需在伦理上加以反对。但主流的学说拒绝承认资本主义精神，至少在伦理上不给予认可。像富兰克林那种态度简直是不可想象的。重要的是，这是资本主义圈子内部的态度。只要他们信奉教会的传统，他们自己的生活工作看上去顶好称得上是道德冷漠。资本主义得到了容忍，但它依然对拯救构成了威胁，只要它与教会关于放贷的理论解释存在冲突。如资料呈现的，在富人死后，大量的财物被教会当作良心救赎充公，有时甚至还将他们过去从负债人那里巧取豪夺来的高利退还给原主。只有在那些摆脱了传统的商业贵族那里，才会将教会的做法看作是异端加以鄙夷。但即使是那些怀疑主义者或对教会不以为然的人天生下来也迫不得已要这么做，因为这样就能够保证他们免遭身后可能发生的各种不测，因为（至少根据上面这一人们普遍持有的观点）对于教会戒律的永恒的顺从足以保证他们死后得救。在这里，他们行为中那种在参与者本人看来是与道德无关的或不道德的性质便显而易见了。

那么，那种至多在伦理上得到容忍的行为，怎么变成了富兰克林意义上的天职的呢？从历史来看，在那个时代资本主义的中心，即14、15世纪的佛罗伦萨，所有大政治权力的货币资本市场，人们从态度上认为它在伦理上是不公正的，或者最多也就是被容忍。但在18世纪宾夕法尼亚的偏僻狭小的资产阶级环境中，商业仅仅因为缺乏货币就险些退还到从前那种以物易物的状态中去了。那里几乎没有大企业的迹象、只能发现银行的雏形。同样的行为在这里却被认为是道德行为的本质，甚至被命以义务之名。在这里谈论物质条件在上层建筑中的理想反映显然毫无意义。能够将谋利行为当作一种天职和个人的伦理义务的观念上层建筑的基础是什么？正是这个观念让企业家的生活方式有了伦理基础和正义感。

很多人，尤其是索姆巴持，在所谓客观有效的观察中，试图将经济上理性主义当作现代经济生活整体上凸显的特征。如果他指的意思是通过服从科学的生产过程，把生产从个体肉体的局限中解放出来，从而劳动生产率大为扩展，那么是有道理的。现在，技术和经济组织的理性化过程无疑决定现代资本主义社会生活理想的最重要的部分。合乎理性地组织劳动，以求为人类提供物质产品，毫无疑问是他们毕生工作的最重要的目的之一。譬如，只要读一下富兰克林关于自己努力谋求费城的城市繁荣的那些记述，就能够十分清楚地理解这一显而易见的真理。让大量人就业带来的喜悦和骄傲、参与到家乡的经济发展进程使人口和贸易增加，所有这一切无疑都是现代商人特殊的、理想主义的生活满足。简单地说，这就是个体资本主义经济的基本特征，这种经济基于严格计算的理性、以先见为指导、小心翼翼地走向经济成功，这与农民追求勉强糊口的生存是截然相反的，与行会师傅以及冒险家式的资本主义的那种享受特权的传统主义也是迥然有别的，因为后者源于利用政治契机和进行非理性的投机。

如此最好把资本主义精神的发展看作是理性主义整体发展的一部分，从生活的基本上问题上追溯理性主义的基本立场。在这个过程中，新教只被看作是纯理性哲学发展之前形成的一个阶段。但是任何严肃对待这个论题的人都会认为这样一种提出问题的方式明显过于简单化，因为理性主义的历史表明，这一发展在不同的生活部门中不是并行的。比如，如果将私法的理性化看作是该法的一种逻辑简化和内容上的重新安排，那么这种理性化在古代罗马法那里就达到了最高峰。但这种私法在一些经济理性化达到最高程度的国家却非常落后，英格兰就非常明显，罗马法的复兴被大法律社团的权力征服，而在南欧天主教国家，它却保留着至高无上的地位。

18 世纪具有世界意义的理性哲学在资本主义高度发达的国家并没有成为唯一拥护、甚至是主要拥护的对象。伏尔泰的学说，甚至在今天已经是广大上层、最重要的是罗马天主教国家中层阶级集团的共同财富。最后，如果现实中的理性主义被理解为就是那种有意识地从个人的世俗利益方面来认识和评判世界的态度，那么，这种生活观过去、现在都只是那些自由的民族所独有，意大利人和法国人就是这一类人。但我们确信这绝不是一个人与他的作为一种使命的职业的关系（这是资本主义必不可少的）得以充分孕育的土壤。事实上，我们研究理性主义的论文之初，就从各种不同的观点和不同的方向将生活理性化，理性主义作为一个历史概念覆盖了世界上各种不同的事物，这一简单的主张常被人忘记。我们的任务就是要找出理性思想的这一特殊具体的形式到底是谁的精神产品，因为关于一种职业以及在这职业中献身于劳动的观念都是从这里生发出来的，我们已经看到，这一观念从纯粹幸福论所强调的个人利益这一角度来看完全是非理性的，但它却一直是，并且至今仍然是我们资本主义文化的最典型的因素之一。现在我们对每一种天职概念中非理性要素的起源特别感兴趣。

第三章　路德的天职观（本书的研究任务）

德语 Beruf 一词，以及英语的 Calling 一词，都是宗教词汇，就是神安排的任务，这一点至少是不会错的。越是把这个词放在具体的例子中，它的含义就越明显。如果我们沿着文明语言追溯这个词的历史就会发现，无论是信仰天主教为主的民族还是那些古代民族都没有任何具有类似含义的词汇，然而这个词却为所有新教的人们使用。这可能进一步显示出，它并非源于有关语言的伦理特点。比方说，它并不是德国精神的产物，但这个词的现代意义却是从《圣经》中转译过来的，是经过了转译的意思，而不是原初的意思。在路德对《圣经》的翻译中，这个词首次在西拉著《智慧书》（第十一章第 20 和 21 节）中表现出了我们现代的意义。从这以后，在所有新教民族的日常语言中，这个词都迅速地带上了它目前所具有的含义，而在此之前，在世俗作品、甚至宗教著作中，连这一含义的暗示都不曾有过，就我所知，这一含义仅在德国的一位神秘主义者的著述中出现过，而他对路德的影响是众所周知的。

同这个词的含义一样，这种观念也是新的，都是宗教改革的产物。这可能是一般人都知道的，在“天职”这个概念中，确实含有一种暗示，对世俗的日常行为进行积极评价，这是中世纪、甚至古希腊晚期就有的思想。这一点我们以后再谈，但至少这里有一点是全新的：将完成世俗义务评价为个人能够承担的道德行为的最高形式。这无疑是给世俗行为以一种宗教意义，在这个意义上，首次创造了“天职”这个概念。这样，天职思想便引出了所有新教教派的核心教理：上帝应许的唯一生存方式，不是要人们以苦修的禁欲主义超越世俗道德，而是要人完成个人在现世里所处地位赋予他的责任和义务。这就是他的天职。

路德在其作为改革者的头十年的活动中就发展这个概念。起初，路德同中世纪流行的传统，例如以托马斯·阿奎那为代表的思想非常一致，认为世俗的活动是肉体的事情，尽管它体现了上帝的意志。世俗活动是信仰生活的必不可少的自然条件，但它（比如吃饭、喝酒）本身在道德上中立的。但是，随着“唯一的信仰”（sola fide）这一概念在后来的发展，其结果必然是日益激烈地强调，反对献身于魔鬼的天主教修道士对“福音书的曲解”，从而天职概念的重要性也就日益增强了。修道士的生活不仅对于在上帝面前证明自己毫无价值，放弃现世的任务也是自私的产物，逃避了责任。相反，对路德而言，响应神召的劳动是友爱的外在表现。通过观察他论证到劳动分工使每个人都在为他人工作，不过只要我们看一下亚当·斯密在同一主题上的论述，就会觉得这种观点非常古怪、相当幼稚。然而，这种显然在本质上是经院式的主张很快就消失了，而那种在任何情况、任何条件下，履行世俗义务是上帝应许的唯一生存方式的论述却保留了下来，越来越受到高度的重视。这种生存方式、而且唯有这种生存方式才是上帝的意愿，因此在上帝那里，每一种合法的职业都具有同等的价值。

这种对世俗活动得到的辩护是宗教改革最重要的成果之一，无可置疑，路德起了很大的作用，这近乎于老生常谈的了。这种态度就是世界消除了帕斯卡式的刻骨仇恨，在他的沉思录中，他认为所有世俗行为都没有价值、都是低级的狡诈。这种态度也区别于耶稣会士同世俗妥协的自由功利态度。但新教的这一成就的实际意义在细节上人们还相当模糊、没有看清。

首先，几乎不必指出，路德并不具有我们前面提到的那种意义上的、或者说在任何意义上的资本主义精神。今天宗教界任何对宗教改革热情讴歌的人对资本主义都绝没有什么好感。路德自己无疑就会斥责把他同富兰克林的任何观点联系起来。当然，我们不能把他对当时的福格家族之类的抱怨作为此说的例证。因为在 16 世纪和 17 世纪反对合法的或者实际的单一贸易商特权的斗争，就同反对托拉斯一样，不能公正地说它就是传统观念的一种表现。在反对这些人、反对受英国国教和英、法国王和国会保护的伦巴德街金融家、专利者、投机商和银行家的过程中，清教徒和胡格诺派都进行了艰苦的斗争。邓巴战役（1650 年 9 月）之后，克伦威尔在写给长期国会的信中说："请改革所有职业中的流弊：如果有人欲使多数人贫穷而少数人富有，这与共和国是不相符的。"尽管如此，但是我们知道克伦威尔是遵循特殊的资本主义思想路线的。相反，路德大量关于反对高利贷或利息的主张，如果同后期经验哲学比较起来，从资本主义的角度来看，都是相当落后的。当然，特别是早已被佛罗伦萨的安东尼批驳过的金钱无益的说法。

但没有必要细谈这一点。因为，首先，天职概念的宗教意义对世俗行为的影响有各种不同的解释。与天主教的态度比起来，宗教改革的后果只是在天职观的影响下，有组织的世俗劳动的道德重视和宗教认可有所增加。表达了这一变化的天职观进一步发展的道路有赖于各种不同新教的演化。路德从中推出天职观的《圣经》，从总体上说还是有利于传统的解释。特别是《旧约》，虽然在真正的先知书里根本没有超越世俗道德的表示，别处也仅有一些零散的暗示和迹象，但《旧约》却包含有一种完全是在这种传统主义意义上的宗教观念。人人都应当安守自己的生活现状，让不信神的人去追求物质利益。这就是所有直接与世俗活动有关的话的核心意义。直到犹太法典，才在一定程度上出现了不同的观点，但这些观点即使在当时也不是主要的思想。耶稣本人的态度也被一种经典的纯粹性刻画为一种典型的古代东方式的祈求："我们日用的饮食，今日赐给我们。"这种激进的排斥世俗世界的要素，使将现代的天职观建立在他个人权威的基础上不具有可能性。《新约》里所讲的使徒时期，特别是圣保罗时期，基督徒对世俗活动持冷漠态度，或者至少根本上持传统主义的看法；因为最初几代基督徒满怀对世界末日的期盼。既然每个人都在仰盼主的光临，那就 切依旧、无事可做，在世俗的职业中主的召唤会发现他，劳动也和以前一样，这样他不会像自己的同胞求施舍以增加他们的负担，这将非常短暂。路德从他自己态度的各个角度来读《圣经》，大约在1518—1530年间，在他思想发展的过程中，他在这一点上不仅坚守传统主义，而且以后变得更加如此。

路德在最初宣传改革的几年里，他认为天职是肉体的基础，就世俗活动的形式来说，他的主要思想同《新约·哥林多前书》（第七章）中保罗的那种漠视现世的末世论观点有紧密的联系。人们可以通过各种生活道路获得拯救，在生活短暂的朝圣旅途中，没有必要过于注重职业的形式。追求超过自己必需的物质利益必然显示出没有得到上帝的恩典，并且很明显，物质利益只有牺牲他人利益才能获得，所以要受到直接的谴责。随着他越深入地了解世俗事物，他给予世俗事物的评价就越高。但在个人从事的具体职业中，他越来越认为履行神意安排给人的特定义务是上帝的专门旨意。在同宗教狂热分子发生冲突、出现了农民骚乱之后，上帝将个人置于其中的历史秩序对路德而言越来越成为神意的直接表征。即便对于生活的特殊事件，他越来越强调神意在起作用，这就导致他越来越根据神恩的思想进行传统主义的解释。个人应该安于神的安排，其世俗行为应该不要超越其被安排的地位的限度。他的这种经济传统主义源于保罗的厌世学说，后来越来越强调对预定说的信仰，这种理论等同于绝对服从神的意愿，绝对接受既定的一切。正是因为路德从这个基础出发，他不可能在世俗行为与宗教原则之间建立任何关联。他把教义的纯粹性当作是一条教会永远正确的标准，这本身就足以妨碍他发展任何新的伦理观点，经过了二十年代的斗争之后，这一点变得越来越不可动摇。

因此，路德的天职概念依然保留了传统色彩。他的天职观就是人必须接受神的安排，为此人必须调整自己。这一方面超过任何其他方面的思想，接受天职就是接受上帝安排的任务。在这种思想的进一步发展中，正同路德主义依然强调这一点。因此从一开始，这种天职观的伦理后果就是消极的；世俗义务不再服从苦行的义务；盛行的是服从权威、接受现状。我们将在讨论中世纪宗教伦理的时候看到，路德这种天职观在形式上，很大程度上可以说德国神秘主义早就有过。特别在陶勒尔（Tauler）那里，宗教活动和世俗活动的价值已经是平等的，并且由于灵魂陷入对神意的沉思冥想，所以，对传统形式的修行实践的评价也降低了。从某种程度上可以说路德的思想相对神秘主义而言是一种后退，路德依然关注他的教会，削弱理性伦理学的心理基础（神秘主义者的这种观点在一定程度上能使人联想到虔敬派和贵格派的宗教心理）。而这恰恰是因为路德不能不怀疑，禁欲主义的自我约束通过工作导向救赎的可能性，因而，路德及其教派越来越在这种背景中来保持那种职业观念。

因此，单纯路德意义上的天职观对我们感兴趣的问题而言其重要性至少是可疑的。这就是我们要在此解决的问题。但这并不是说路德的宗教革新对我们的研究而言没有任何实际意义；恰恰相反。它的意义并不直接显而易见地来自路德和他的教会对世俗行为的态度，而且，它的联系不像新教的其他宗派那样易于理解。我们接下来就要深入研究这些宗派，在它们那里实际生活与宗教动机之间联系比路德宗更容易被观察到。我们早已提到过加尔文主义以及新教其他教派在资本主义发展史上所起的显著作用。正如路德在茨温利身上发现了一种不同于他自己身上的精神在起作用一样，路德精神的后继者们在加尔文主义那里也发现了不同的精神在起作用，天主教会直到今天一直将加尔文派视为自己真正的对手。

现在可以纯粹基于政治的原因来做出部分解释。尽管如果没有路德自己宗教思想的发展，宗教改革便不可想象，宗教改革也由此长期受到他个性的影响；但是如果没有加尔文，他的事业便不会获得永久的、实质性成功。尽管如此，对天主教和路德宗教同样厌恶的原因在于、至少部分地在于加尔文主义的伦理特性。仅从表面就可以看出，加尔文教对宗教生活与世俗行为关系的态度就与天主教和路德宗大为不同。甚至在完全由宗教的因素激发而作的文学作品中，这一点也是显而易见的。比如在《神曲》的结尾，诗人在天堂里伫立无言，顺服地沉思着上帝的奥秘，我们可以把它同被称作“新教的神曲”的那首诗相比较：弥尔顿的《失乐园》在描写了亚当、夏娃被逐出乐园后写道：

> 他们二人回头望着自己原住的幸福乐园的东侧，
> 那上面挥动着有火焰的剑。
> 门口布满脸面恐怖、带有火武器的队伍。
> 他们滴下自然的眼泪，但很快被擦拭了；
> 整个世界被放在他们眼前，安身的住处，
> 在神的意图的指导下，由他们自由选择。

就在这一段略往前一点，米迎勒对亚当说：

> 只要将你的知识和实践相结合，
> 再加上信仰、德行、忍耐、节制，
> 此外还加上爱，就是，
> 后来叫做其他一切的灵魂“仁爱”的。
> 这样，你就不会因离开这个乐园郁郁寡欢，
> 而在你的内心另有一个远为快乐的乐园。

人们会马上感觉到，这种关于清教徒极其重视关注俗世德强劲表达，承认自己在尘世中的生活就是自己的义务，所有这些都不可能出自中世纪作者之手。但是，它与路德主义也是很不一致的，正如路德和保罗·格哈得的赞美诗中所表达的那样。我们现代的任务就是用严密的逻辑来取代这种模糊的感觉，研究这些差别的根基。把这种差别看作是民族性格上的差异那就是承认自己无知了，这种观点是完全站

不住脚的。认为17世纪的英国人具有统一的民族性也只是歪曲历史。骑士党人和圆颅党人并非仅仅指控对方属于不同的党派，而是把另一方看作极不相同的人，任何对此做过认真研究的人一定会赞成他们的看法。另一方面，美国投机商与同业商会之间的性格差异也没有被找出来；更别说英国人和德国人在中世纪末有任何其他的根本差异，这也不能轻易根据他们政治历史的差异来解释。正是宗教影响的权力——虽不是唯一因素，但远比其他因素重要——造就了我们今天意识上差别。

这样，我们研究新教伦理与资本主义精神的起点就是加尔文、加尔文派、其他清教派别的著作。但不要把这理解为我们期望发现任何创教者、任何宗教运动的代表会把推动我们所谓的资本主义精神当作自己一生的目标。我们也不会坚持认为，他们中的任何人会将俗世利益的追求当作目标、当作一种积极的伦理价值。我们必须永远记住，伦理改革运动从来就不会是宗教改革者的中心兴趣（我们这里指门诺、乔治·福克斯和卫斯理）。他们既不是道德文化团体的创立者，也不是人道主义的社会改革或文明理想规划的倡导者。灵魂拯救而且只有这个目标才使他们生活、工作的中心。所有伦理理念、教义的实践后果都是基于灵魂拯救这个目标，都是纯粹的宗教动机的衍生物。由此我们必须承认，宗教改革的文化后果在很大程度上，尤其是我们主要强调的方面，可能是改革者们没有预见到的、甚至是他们不愿看到的。这些结果往往同他们本人所想要达到的目的相去甚远，甚至相反。

因此，接下来的研究可能以适度的方法帮助理解思想在历史上成为有效力量的方式。但为了避免任何误解——任何纯粹理念动机的有效性，我将总结一下以上的引言性讨论。

在这样的研究中，可以马上明确地说，我们并没有试图去评价宗教改革思想是否具有社会价值或者宗教价值。我们将继续讨论宗教改革中对真正的宗教意识来讲是非常偶然、甚至可以说很浅的方面。因为仅仅试图厘清在我们现代表层的世俗文化形成的过程中，宗教力量所发挥的作用，可以说在这个过程中，各种不同的历史因素都在进行复杂的相互作用。我们只想探究，这种文化的何种特征可以归于宗教改革的影响。同时我们避免从某种经济变化中，讲宗教改革作为其必然的历史产物推演出来。无数无法从任何经济规律推出的历史环境，不能根据任何一种经济原因来解释，尤其是纯粹的政治过程。这些历史因素必然通过发挥作用，才能使新建立的教派得以幸存。

但另一方面，我们无意坚持这样一个愚蠢而教条的观点，即资本主义精神只是因为宗教改革的某种后果才可能出现，甚至说资本主义作为经济制度是宗教改革的某种后果。实际上，大家都知道，资本主义商业组织的某些重要形式比宗教改革要古老得多，这就足以驳斥上述主张。相反，我们只是希望确证宗教的力量是否以及在多大程度上对资本主义精神在世界范围内的扩张发挥了作用。更进一步地说，我们的资本主义文化究竟在哪些具体方面可以从宗教力量中找到解释。考虑到物质基础、社会政治组织形式和宗教改革时期流行的观念之间相互影响的极其混乱状态，我们只能从研究宗教信仰形式和实际伦理道德观念之间是否存在和在哪些方面存在相互关联开始。同时，根据这些关系，尽可能弄清宗教运动影响物质文化发展的方式和一般方向。只有合理准确地搞清楚了这一点之后，才能去评价现代文化的历史发展在什么范围内受这些宗教势力的影响、在什么范围内受其他因素的影响。

第四章　世俗禁欲主义的宗教基础

在历史上一直有四种主要禁欲主义的新教：（1）加尔文派，主要活跃在西欧，尤其是在17世纪；（2）虔信派；（3）循道派；（4）从浸礼运动中分裂出来的一些宗派。没有任何宗派与其他宗派完全分离，它们甚至与非禁欲主义的教会的区别也并不十分明显。循道派，是在18世纪中叶从英格兰国教中发展而来，其创立者无意成立新的教会，只想在旧教会中唤起一种禁欲主义的精神。只是在后来的发展中，尤其延伸到美国之后，才与英国国教分离。

虔信派是在英国、尤其是在荷兰首先从加尔文派的运动中分离出来的。起初它与正统保持松散的联系，后来经过一系列不易察觉的变化才与之脱离开来，直到17世纪末在斯彭内尔的领导下才归入了路德宗。尽管教义的调整并不完全令人满意，但是它一直保留在路德教会内成为其中的一支。只有亲岑道夫管理的那小部分，受胡斯派和摩拉维亚弟兄会内加尔文宗的影响，像循道派一样，组成了一个特殊的派别。加尔文派和浸礼派起初相互之间尖锐对立，但在17世纪的下半叶，在浸礼派内这两种势力紧密联结起来。即便在17世纪初，英国和荷兰的独立教派的转变也并不是突然的。就拿虔信派来说，它几乎是逐步转向路德宗的，加尔文派和英国国教的转变也同样如此，尽管英国国教会无论是外部特征还是其承继的精神都与天主教有密切的联系。不管是附和禁欲运动的大众还是其最坚定的倡导者，都曾从根本上反对过英国国教的信仰基础，这一运动被称作清教，即取这个词十分模糊的最广泛的外延；但即便这二者之间的差异也只是在斗争的进程中逐步明朗化的。即使我们现在完全忽视了政府和组织的问题，我们此时对它们还不感兴趣，但是事实也同样如此。即使是最重要的教义上的分歧（比如预定论和称义论），在17世纪初的时候，也通过复杂的方式融合在一起了，因为这些差异无一例外会经常阻碍教会维持其内部的统一。首要的是，我们感兴趣的各种道德行为在大不相同的各派信徒中展现出相同的形式，这些派系或从上述四种源流中分支而来，或源于其中几种的组合。我们将会看到，同样的伦理原则可以同各种相去甚远的教义基础联系起来，同时用来拯救灵魂的重要写作手段，即主要是各派的诡辩概要法，随着时间的推进也相互影响；人们会发现尽管这些宗派之间在实际行为上存在很大差异，但其内部也有很大类似性。

似乎我们已完全忽视了教义基础和伦理理论，而将注意力集中在道德实践上，并非如此。在经历了残酷的斗争之后，禁欲主义道德的各种教义根源无疑消失了，但与这些教义的原始联系在后来非教义伦理中却留下了重要的痕迹；而且只有原始观念体的知识能帮助我们理解道德与来世生活之间的关系，来世观念曾绝对统治过那个时代最圣洁的人们的灵魂。没有这笼罩一切的力量，任何影响实践生活的道德觉醒都不可能在那个时期形成。

我们自然不会关注当时的伦理概要中官方在理论上都教导些什么

内容，无论通过教会戒律、牧师职务和布道，这种方式产生了多大的实践意义。我们关心全然不同的东西：源于宗教信仰和宗教实践产生的心理约束力的影响，这种影响指导个人实践方向，制约个人的行动。而这些约束力在很大程度上来源于其后的宗教思想的特性。那个时代的人们相信抽象的教义，这种教义在某种程度上只有当我们观察到它与实际的宗教利益有联系的时候我们才能理解它。有一些教义的观察是必不可少的，尽管这对于不搞神学的读者来讲似乎索然无味，而对于神学家来讲，却又过于草率而未免失于肤浅。我们当然只能以各种理想类型的人为纯朴样式着手呈现这些宗教观念，这些理想类型是充分完善的，但在历史中又几乎是找不到的。正是因为在历史领域不可能划出明确的边界，我们只能希望从对它们的研究中，以最连贯、最有逻辑的方式来理解它们的独特的重要性。

（一）加尔文派

正是加尔文派在 16、17 世纪最发达的国家荷兰、英国和法国之间引发了政治、文化大冲突，因此我们接下来首先就来讨论它。在那时，当然在今天总的来讲也如此，预定论被看作是最具有特色的教义。当然这是否是改革派核心的教义或者仅仅是其附属的教条一直存在争论。一种历史现象重要性的判断可能是信仰判断或者是价值判断。即是说，判断既可以基于其中最令人感兴趣的一点，也可以依靠其长期以来最有价值的一点。另一方面，也可根据它作为一种因素对其他历史过程的影响来判断。而我们是根据历史归因来判断。如果我们现在从后一种立场出发（我们现在必须这么做），根据其对文化和历史的后果，来探究预定论的重要性，那么对它的评价一定很高。奥登巴内维尔德（Oldenbarneveld）领导的运动就是被这种教义摧毁的。也正是由于君权与清教徒在这一教义上的分歧，使得英国国教的分裂终于在詹姆士一世时期变得不可挽回。这一教义一再被当作是加尔文派中具有政治威胁的真正要素，受到当局的攻击。而在 16 世纪，重大的宗教会议（那些众多的小型会议不算，主要是在多德雷赫特宗教会议与威斯特敏斯特宗教会议）都曾将抬高这一教义、使其具有教会法规的权威性作为会议的核心任务。无数教会的战士团结在它之下，在 18、19 世纪，它引起了教会的分裂，成为新觉醒人们的战斗口号。因此，尽管今天并非所有教养的人都了解这一点，但我们还是不能忽视它。我们最好借 1647 年《威斯特敏斯特信纲》中所用的权威性说法来了解其内容，在这点上，独立派、浸礼派的教义只是简单地复述这个“信纲”。

“第九章（论自由意志）第三条：人，由于他堕入罪恶状态，因此完全丧失了追求上、获得拯救的能力。因此一个自然人，完全与善背离，只能在罪孽中死去，他不能通过自己的力量改变自己，或者为自己生后准备什么。”

“第三章（论上帝永恒天命）第三条：按照上帝的旨意，为了体现上帝的荣耀，部分人和天使注定要永生、而其他的则注定要永死。”

“第五条，人类中被赐予永生的，上帝在创世之前就已根据他亘古不变的意旨、他的秘示和良好愿望而选中了耶稣，并给予他永恒的荣耀，这完全是出于上帝自由的恩宠与慈爱，信仰或善业也无法预见，无论坚持哪一点、也无论是造物任何别的东西都不能作为感动上帝的条件。一切都归于上帝伟大的恩宠。”

“第七条，其余的人上帝是满意的，按照上帝意旨的秘示，依据他的意志，上帝施予或拒绝仁慈，完全随其所愿。使他统治自己的造物的荣耀得以展现，注定他们因为自己的罪孽感到羞辱和天谴，一切归于上帝伟大的正义。”

“第十章（论有效的神召）第一条：所有上帝赐予永生的人，而且只有那些人，上帝都会在他预定神召的时候，以圣言或圣灵进行有效召唤（将他们从罪恶与死亡中选召出来）……剔去他们的铁石之心，赐予他们肉体的心，更新他们的意志，并以上帝万能之力让他们坚定从善。”

“第五章（论天命）第六条：至于那些不信神的恶徒，前世的罪恶使他们不辨善恶，而且铁石心肠，上帝，作为正直的裁判，不仅拒绝给予他们以恩赐——这恩赐本可以照亮他们的眼睛、软化他们的心肠，而且上帝有时甚至收回他们原有的天赋，至使他们暴露在有可能导致罪恶的腐化之前：此外，上帝还放纵他们的欲望，用尘世的诱惑和撒旦的魔力引诱他们，于是这些人心肠愈硬，甚至上帝用来软化他人的方法也只会使他们心肠变得更硬。”

“即便我将为此堕入地狱，但这样的上帝我将永不尊敬。”这是弥尔顿关于这个教义非常著名的观点。但我们此时关注的不是对其的评价，而是该教义的历史重要性。我们只能简短提出这样一个问题：这个教义是如何起源的，使怎样被塞进加尔文派的神学框架里去的。

有两条可能的途径。宗教上的恩宠感现象夹杂着确定感，即恩宠纯粹是客观力量的产物，与个人的价值没有一丁点关系。从奥古斯丁之后，基督教的大多数积极而热忱的崇拜者就拥有这种观念。这种强有力的欣悦感明显确证了他们自己没有任何力量、摧毁了任何相信可以凭借自己的信念和意志所取得的成就、或者他们自己的合作能够获得上帝恩宠的可能。在路德宗教创作的旺盛期，即在写《基督徒的自由》的时候，上帝的旨意对他而言也是获得恩宠唯一的、至上的根源。即便在后来，他也没有正式方式这一点。但这种思想对他来说不仅没有占据主导地位，并且随着他作为他的教派的领袖被不断地推入实际政治斗争中去，反而逐渐退居次要地位。梅兰希顿（Melanchthon）曾刻意避免接受《奥格斯堡信纲》中黑暗而危险的教谕。对路德教派的开创者们来说，必须信仰上帝的恩赐是可以取消的（可失性），也是可以通过悔悟后的谦卑和绝对信赖上帝的旨喻及圣事而重新赢得的。

在加尔文那里，这一过程恰好相反；这一教义对他而言的重要性增加了，这可以在他与神学对手的辩论中明显看出来。这一点直到他的《基督教原理》发行第三版的时候才彻底完善，而在他死后这一教义占据了中心地位，而那时多德雷赫特与威斯特敏斯特两个会议决定结束那些激烈的论争。在加尔文看来，那令人恐惧的教令并不源于宗教经验（这一点与路德相同），而是源于他思想的逻辑必然性；因此宗教思想的逻辑连贯性的增加，这一教义的重要性也会随之上升。它的好处只在上帝那里，不再人这一边；上帝并不为人而在，但人却因上帝而活。一切创造、包括事实过程的创造（其中只有很少部分人被选择享受永福），这一切都仅仅是上帝展现自身荣耀和至上威严的手段，对此加尔文一点也不怀疑。用世俗的正义标准来评价上帝的旨意没有丝毫的意义，这是对至上神的一种玷污，既然上帝是自由的，即是说上帝面前没有规律。我们都知道，他的旨意只能通过神启人们才能理解，我们只能服从这些永恒真理。其他的事情，包括个人命运的意义，都晦暗不明，人对此不能有非分之想。

对于那些注定沉沦的人而言，他们对命运的抱怨就同畜生对自己不生为人的抱怨一样。因为肉体的一切都被一条无法逾越的鸿沟与上帝远远隔开，只要上帝还没有为了他的崇高权威的荣耀而做出任何其他判决，就只有赐给他们永恒的死亡。我们知道仅有小部分人能被拯救，剩余的都将堕入地狱。假设人的善恶能够影响命运，那么这不同上帝绝对自由相矛盾吗？《新约》中所描述的那个天界里的圣父，是那样富有人情味和同情心，他会为一个罪人的幡然悔悟而由衷地感到欣慰，恰如一个妇人为银币的失而复得而欣喜一样。这种形象被一个超验的存在取代，人类的理解力无法企及，上帝的旨意决定了每个人的命运，甚至永远规定好了宇宙中的每个细节。既然上帝的旨意不可改变，那么，他选定的人永远不会失去、没选的人也永远不会获得他的恩宠。

这一教义极不人性，必然给那些相信其连贯性的那一代人的生活带来一种后果：个人空前的罪恶孤独感。对于生活在宗教改革时期的人们来讲，生活中最重要的事情就是自己永恒的得救，他被迫独自前行，接受永恒给予的命运。没有人能帮助他；教士没有用，因为被选之人能够自己理解上帝之语；圣礼也无济于事，因为尽管圣礼是上帝规定的增加自己荣耀的手段，因此必须严格遵循，但它不是获得恩宠的手段，只是信仰的主观的“外在支柱”；教会也同样如此，因为尽管人们相信“离群者乃不健康之人”，也就是说，回避真正教会的人不属于上帝的选民，但外在性教会的成员的命运也是注定的。他们应该属于教会并遵守教规，但不能以此得救，因为这是不可能的，而只是为了上帝的荣耀，他们也被迫遵守上帝的戒规。最后，甚至上帝也无法帮助他，因为耶稣只为选民而死，为了选民的利益，上帝从冥冥永恒中安排了耶稣的殉教。这种完全排除教会、圣礼能够拯救的做法（路德宗还没有发展到这么终极的结论），构成了加尔文派与天主教的绝对区别。

宗教发展过程中的伟大历史进程，就是将自希伯来预言家开始人的魔力思想（而后古希腊的科学思想联系）从世界中清除，从而把通过人的魔力获得拯救的一切方式都斥之为迷信和罪恶，在此时得出了它的逻辑结论。真正的清教徒拒绝所有的墓前宗教仪式，埋葬他的至亲、近邻既无哀乐也不仪式，这是出于不迷信，不相信任何魔力和礼节之力能对拯救有影响。

对于那些上帝拒绝了恩宠的人来说，不仅魔力方式不是获得拯救的途径，而且也别无途径。严格而绝对先验的上帝学说与肉体必然堕落的理论融合在一起，使个体罪孽而孤独成为清教徒对文化、宗教中一切诉诸感官和情感的成分都采取彻底否定的态度的原因，因为这些东西无助于得救，而只能平添些感伤的幻想和偶像崇拜式的迷信。这就为根本对抗各种感官文化提供了基础。另一方面，这构成了个体幻灭和虚无倾向的根源，这种个人主义在今天也能从有清教历史的民族性格和风俗中发现，这与启蒙之后的人们有鲜明的对比。我们能从正在讨论的那个时代中，清晰地看到预定论对行为态度方式具有影响的痕迹。我们感兴趣的就是那种唯信上帝的极端形式。例如教会就反复地告诫人们切莫相信朋友间出自友谊的帮助，在英国清教文献中尤其如此。甚至温和的巴克斯特（Baxter）也建议人们即便最亲近的朋友也不要相信，而贝雷（Baily）则直接告诫人们不要相信任何人，不要向任何人妥协。只有上帝是你的密友，这一点与路德宗形成鲜明对比，生活态度与私人忏悔的悄然不见联系起来。加尔文对私人忏悔心存疑虑，因为从他的宗教发展来看，可能是把它当作一种宗教仪式。这一事件意义重大，首先它是这种宗教施加影响的形式的一种象征；进一步讲，它是对人们伦理态度发展的一种心理鞭策。定期释放心理罪恶感的手段已经不存在了。

我们稍后将要谈及日常生活行为的伦理后果。但对于个人的宗教环境而言，后果是非常明显的。尽管要获得拯救就必须加入真正的教会，但加尔文派主张与上帝的交流是独自在内心深处进行的。为了更清楚这种独特氛围的特殊后果，有必要读一下班扬的《天路历程》，该书是新教文学中流传最广的著作。在一段关于基督徒态度的描写中提到，在他意识到他一直生活在地狱之城之后，他接受了神召前往上帝之城，妻子和孩子都紧紧拉住了他，但他却用手指捂住耳朵大哭“命、永恒的命”踉跄着走向原野。思想家原始质朴的情感是无法超越的，他在狱中写作，获得了信仰世界的赞誉，他表达了清教徒忠诚的情绪——只考虑自己得救。这一情感在基督徒与他的同道人在途中广泛的交谈中得以充分的表现，那情形使人想起凯勒（Gottfried Keller）的《正直的卡马切尔》（Gerechte Kammacher）。只有在确信自己得救之后，才会想到让自己家庭和自己在一起。同样的对死亡与彼岸的恐惧，我们曾在多林格（Dollinger）笔下的里郭利的阿尔封索（Alfonso of Liguori）身上清晰地感到。这种恐惧与当年马基雅维利在历数那些佛罗伦萨市民的名声时曾表现出的那种高傲的现世精神相去甚远，那些人在与教皇及开除教籍的威胁作斗争时提出：“对故土的爱高于对自己灵魂不得救的恐惧。”这当然与瓦格纳借塞格蒙德在决战前的一番话表达的情感更是大相径庭：“代我向沃坦问候，代我向沃尔霍尔问候——但你不要对我讲沃尔霍尔那易碎的幸福。”但这种恐惧在班扬与里郭利身上却产生了完全不同的结果：这种恐惧对后者而言是一种耻辱；对前者而言是对生活进行的系统的、无休止的斗争。这种差异是从哪里产生的呢？

初看起来，这很神秘：加尔文派在社会组织上不可怀疑的优越性怎么可能与将个人同世界分割看来的倾向有关。但不管看上去多么怪异，在加尔文派信仰个人内心孤独的教义的压力下，这都将是基督教同胞之爱被迫采取的独特形式。首先从教义上遵循这一点。俗世中的部分选民只是增加了上帝的荣耀，满足了上帝展示其万能之力。但上帝要求基督徒有社会成就，因为上帝想要社会生活根据戒律组织起来。因而尘世中基督徒的社会活动完全是为“增加上帝的荣耀”。服务俗世社会生活的天职也具有这一特征。即便在路德那里我们也发现根据兄弟之爱，天职劳动也是合理的。但对路德而言不确定、纯粹是精神上暗示的东西在加尔文那里就成为了伦理体系中显著的特征。既然兄弟之爱并不是为了肉身，而是为了增加上帝的荣耀，那么首先就表现在完成自然所给予人们的日常工作中。在这过程中，这种满足具有非人的、客观的特征，即服务于社会环境的理性组织的利益。因为无论根据《圣经》中的拯救论还是根据自然本能，这种目的性组织和宇宙的安排都显然是上帝设计出来为人服务的。这就使服务于非个人的、具有社会功用的劳动表现为增加上帝荣耀，符合上帝之意。这彻底排除了神义论以及关于世俗生活意义的所有问题，这些问题一直折磨了其他人。对清教徒来说是不言而喻的，对犹太人是这样，甚至在一定意义上说对所有非神秘主义类型的基督教会也是这样，尽管他们各自的理由可能完全不同。

加尔文主义在这种力量布局上又增加了同一方向上的另一趋势。对加尔文来讲，并不存在（克尔恺郭尔意义上）个人与伦理之间的冲突，尽管说个人在宗教问题对自己负全责。这里还不是分析这一事实、分析加尔文主义政治经济理性主义重要性的地方。加尔文伦理功利特性的根源就在于此，加尔文天职观的重要特征的源头也在于此。但我们必须马上回到关于预定论的讨论中去。

对我们而言，关键的问题在于：这种理论如何可能在一个认为来世不仅比任何现世利益更重要、而且在很多方面更确定的时代里诞生？“我是上帝的选民吗？”这个问题对于每一个信仰者来讲或早或晚都将提出，而使所有其他利益都黯然失色。我如何能确定自己获得了恩宠？对加尔文自己而言这不是个问题。他觉得自己是上帝选中的代理人，能够确证自己将被拯救。但对于个体如何确证自己成为上帝的选民，在他心底只有这样的答案，我们应该满足于这样的指示，上帝已经做完了选择，我们只能默默信仰基督，这是真正信仰的产物。他在原则上不做如此假象：人能通过别人的行为获知他们是否被选。强想上帝的密旨是不义之举。当选之人和落选之人从外在的生活方式来看没有任何区别；选民所有的主观感受，如“神圣化了的滑稽精神”，落选之人都可能具备。只有一个例外，落选之人没有终极期待、真正信仰。因此上帝的选民是，而且永远是上帝的不可见的教会。

加尔文派的早期追随者比如贝扎这样的人，自然是不会采取这种态度的，重要的是一般的普通大众也不可能采用这种态度。对他们而言，唯一确定性即承认恩宠的状态必然具有绝对重要性。因此在任何坚持预定论的地方，是否存在基督徒可以知道已经成为选民的标准的问题就始终会提出。改革教会基础上出现的虔信派的发展中一直把这个问题看作具有中心意义；事实上，在某种意义上它还成为虔信派的基础。但当我们思考归正会教义的政治、社会意义以及圣餐仪式的时候就会发现，在整个 17 世纪，在虔信派外，个人确认自己获得恩宠的可能问题起了非常大的作用。例如，一个人是否被准许参加圣餐，完全取决于此，而圣餐则是决定一个人的社会地位的核心宗教仪式。

加尔文仅对上帝恩宠的信赖不可能使人满足的，至少当个人恩宠的问题出现之后，既使正统教义从未放弃过这样的标准。首先，牧师的工作就是立即处理好教义引起的一切痛苦，而他们做得并不令人满意。它遭遇了各方面的困难。只要不重新解释预定论、口头上降低它或者形式上正是放弃，就会出现两套相互联系牧师工作机制。一方面，认识到自己成为上帝的选民是一项绝对的义务，要同所有的怀疑斗争，要把它们看作是魔鬼的引诱。因为缺乏自信是信仰不坚定的结果，是没有受到完美恩宠的结果。使徒的告诫催使每个人在日常生活斗争中确定自己当选称义。因此取代谦卑的罪人的是那些充满自信的圣徒，前者是路德向之许诺只要他们在悔悟的信仰中把自己的一切委托给上帝就能得到恩宠的人，而后者则可以在资本主义的英雄时期那些严酷的清教商人身上发现，直到现在偶尔也能发现这一点。另一方面，为了获得那种自信，紧张的世俗活动被认为是最合适的手段。它，也只有它才能驱散宗教怀疑，给予恩宠确证。

世俗活动被认为能够确证自己是否是上帝的选民，也就是说，它被看作是克服宗教怀疑的最佳手段，在归正会宗教情感的根本特征中有这种解释，这一点最明显表现在与路德宗的分歧“因信称义”上。施奈根伯格在他精彩的演讲中对这种分歧作了细微、客观、没有价值判断的分析，因此接下来的一些简短结论大多直接取自他的讨论。

路德宗力图获得最高宗教经验（尤其是在17世纪的发展中），就是与神圣合一。这是一种真正在神圣中融合的感觉，神圣进入了信仰者的灵魂之中，然而就连这个名字对归正会而言都是陌生的。这与德国神秘主义的沉思目标具有质的相似性，其典型特征就是消极地寻求达到在上帝那里得到安宁。

哲学的历史表明，宗教信仰就是以神秘的方式表征了经验领域的现实意识。甚至因为它弃绝了辩证学说，宗教信仰还能直接证明这种现实意识。而且，神秘主义甚至可以间接地提高理性行为带来的兴趣。但是它对外部行为对世界的关系缺乏积极的评价。此外，路德宗将“神秘的合一”与因负罪而产生的深重的卑贱感结合起来，而这种感觉对信仰坚定的路德徒保持那种“日常生活中的赎罪能力”是很关键的，因此便可维持为求得恕罪所必不可少的恭谦和淳朴。而在另一方面，而典型的归正宗，从创教开始就抛弃了路德宗纯内在的虔诚、静谧派对所有事物的巴斯葛式的逃避。通过神圣绝对穿透人的灵魂是不可能的，因为同人的比较起来，上帝具有绝对的超验性：有限不能包含无限。只有在上帝通过他们，而且他们自己也意识到这一点的时候，选民才会同上帝在一起。也就是说他们的行为是源出于上帝恩宠引起的信仰，这种信仰同时根据行动的质量得到确证。用来划分所有宗教行为的最重要的拯救条件的深层分歧出现了。信徒们要么因为感到自己是圣灵的容器而确证自己受宠，要么因为感到自己是神愿的工具而确证自己受宠。就前者而言，它的生活是神秘主义、情绪主义的；就后者而言，它的行为是禁欲主义的；路德倾向于前者，而加尔文倾向于后者。加尔文主义者也想只通过信仰获救，但由于加尔文怀疑一切纯粹的情感和情绪，无论它们看上去多么高贵。在加尔文看来，信仰必须通过可观的结果来证明，以便为唯一的确证提供坚实的基础。它必须是有效的信仰，神召的拯救就是有效的天职（《沙瓦宣言》中所用词句）。

如果我们进一步问，加尔文教徒凭借什么样的成果认为自己有能力辨认真正的信仰呢？答案是：凭借一种有助于增添上帝的荣耀的基督徒行为。什么行为能起到这个作用则只有在上帝自己的意志中才会有答案；他的意志或者直接通过《圣经》来启示，或者间接地在他所创造的有意义的世界秩序（自然）中体现出来。特别是通过将自己灵魂的状况与选民的灵魂状况相比较，比如按照《圣经》的说法就是和大主教相比，便可知道自己的恩宠状态。只有上帝的选民才真正拥有这种有效的信仰，只有他才能通过他的重生和由此而来的全部生活的神圣化来增添上帝的荣耀，靠的是实实在在的而非表面化的善行。正是通过他的意识，他的行为才是以他自身内一种为上帝的荣耀而工作的力量为基础的，起码就其行为的最根本的特征和持恒的理想（“须遵循的提议”）来说是这样。他也意识到，达到这种宗教所力求获得的最高的善，即被拯救的确定性，不仅仅是上帝的意愿，而且应该说是由上帝促成的。《新约·哥林多后书》第 8 章第 5 节证明了这一切是可以达到的。因此，无论善行作为一种获得救赎的手段是怎样无用，因为即使是选民也仍然是血肉之躯，他们做的一切绝对达不到神的标准，但善行是必不可少的，是成为选民的标志。善行不是用来购买救赎，而是用来消除罚入地狱的恐惧的技术性手段。在这个意义上，善行有时被看成对救赎是直接必要的，或者说那“唯一的所有物”便取决于善行。

在现实中，这意味着上帝帮助那些自助的人。因此，有人认为加尔文教徒是自己的救世主，或者准确地说，他们是其忠实的信徒。但正如天主教一样，这种信念不是来自于引以为豪的个人善行的逐渐积累，而是来自于全面的自制。这种自制随时面临着残酷的抉择：受上帝眷顾还是受上帝诅咒。这是我们研究中非常重要的内容。众所周知，路德宗一再明确指责归正会和宗派回归到靠善行救赎的教义，但与此同时也承认将他们的信条与天主教教条等同的抗议。如果这种指责指归正会普通信教徒日常生活的实际后果的话，那么这种指责肯定言之有理。因为比加尔文派对其信徒道德行为的宗教性评价更深入的形式还史无前例。但这种善行救赎说的重要现实意义必须从其特性中去挖掘。这些特性描绘了他们的伦理行为的独特之处，并以此将其与中世纪普通基督教徒的日常生活区别开来。其区别可以阐述如下：可以这样说，中世纪普通天主教信徒恪守伦理。首先，他认真履行他的传统职责。除此之外，他的善行并没有形成有联系的生活体系，至少没有形成理性化的体系，相反，他的善行停留在一系列个人的行为而已。在必要时，他可以利用善行来弥补特别的罪孽，更好地救赎自己或者在晚年时以此作为一笔保险金。当然，天主教的伦理是关于意图的伦理。但是每次单一的行为的具体意图决定了其行为的价值。行为者的每次善行或者恶行决定着他现世的和永恒的命运。教会很现实地意识到，人类不是一个可以绝对明确界定，能用非此即彼的方法来判断的统一体，同时，人的道德生活常常受制于矛盾的意愿进而其行为也充满矛盾。当然，原则上，作为一个理想，人的道德一方面需要人改变其生活，另一方面它又通过最重要的特权和教化手段——赦罪的圣事弱化了一般信徒的需求。这些作用是与极具特色的天主教的深深根源相联系的。

在使世界理性化，根除救赎说的魔力方面，天主教徒不及清教徒（之前的犹太人）那样彻底。对天主教徒来说，教会的赦罪就是补偿其自身的不足。教士就是一个魔术师，出神入化地运用圣餐变体论，掌控通往永生的钥匙。人在忧伤和忏悔时可求助于他。他给予教徒赎罪的机会、恩赐的希望、宽恕的承诺，以此许诺缓解那些加尔文教徒命中注定不容缓和的潜在紧张。对他而言，如此既友善又人性化的慰藉并不存在。他并不期望像天主教徒甚至路德教徒那样事后通过更多的行善的意愿来为数小时的虚弱和疏忽而赎罪。加尔文派的上帝要求其信徒的不是一时的行善，而是一生始终如一的行善。加尔文教派没有天主教式的人性化的轮回：罪过，忏悔，赎罪，赦罪，随之而来的新的罪过；也没有任何能通过暂时的惩罚或教会的恩赐来持续一生的美德。

这样一来，普通人的道德行为失去了其任其自然的个性，因此而受制于始终如一的统一的道德行为。循道派这个名称与18世纪最后一次著名的清教思想复兴的参与者紧密在一起，就和具有同样意义的术语谨严派用以指他们17世纪的精神先驱者一样，是绝非偶然的。因为只有通过根本改变每一时刻、每一行为中的生活的整个意义，才能证实恩赐的效果——把人从自然状态转变成恩赐状态。

圣徒的生活完全是为了实现超度。但正是这一原因，圣徒的生活在现实世界中完全是理性化的，并致力于为上帝增光添彩。“一切都为上帝的荣耀”这句戒律得到前所未有的奉行。只有永恒思想指导下的生活才能实现对自然状态的超越。在这种伦理的重新解释基础上，当代清教徒们接受了笛卡儿的“我思故我在”的思想。正是这种理论解释赋予了归正会信仰有其独特的禁欲倾向，也正基于此使其与天主教有所联系又有所冲突。因为相当类似的事情还不为天主教所知。

毫无疑问，基督教禁欲主义不管其外涵还是其内在意义都包含很多不同内容。早在中世纪，禁欲主义在其最高的西方形式里就表现出明显的理性特征，甚至在古代还表现为几种形态。与东方修行意义相对，西方修行的重大历史意义大体是基于这种理性特征。在圣本尼狄克教规里，特别是克鲁尼僧侣和西思特教徒以及耶稣会士，修行已从无计划的来世性和荒谬的自我折磨中解脱出来。修行已经发展成系统的理性行为，从而克服自然状态，使人摆脱非理性冲动的束缚以及对外界和自然的依赖。修行试图使人受制于至高无上的有意义的意愿，从而使其行为经常得到自制并认真考虑其行为的伦理后果。因此，从客观上看，僧侣修行为上帝服务；而主观上看，修行确保了他灵魂得救。这种积极的自制构成了圣依纳爵“修行”以及理性修道士美德的至高境界，也是清教最重要的现实理想。推崇自制可以在对清教徒理性节制极度蔑视中，在关于殉难者所受的考验以及高贵的主教和职员的肆无忌惮的记载中得到印证，这种自制仍然是最典型的英美绅士的重要品质。换言之，像各种理性禁欲主义一样，清教徒力求使人能保持惯性意愿并以此行事，特别是以清教要求的动机而不是情感行事。就这个术语的心理意义而言，自制力求使人具有性格。与众多流行的观点不同的是，禁欲主义的至高境界是能谨慎而明智地生活：重罪要的是通过让其信徒行为有序达到放弃及时行乐。天主教修行行规和加尔文派教徒行为准则中都特别强调这些。通过这种对整个人有序的控制，两者的力量得到迅速扩张，特别使加尔文派有能力与路德宗抗衡从而作为宗教卫士保卫新教运动。

另一方面，加尔文派的禁欲主义明显不同于中世纪的禁欲主义。

加尔文派的禁欲主义是伴随着“福音商议”的消失以及随之而来的禁欲向世俗活动转变而出现的。这似乎并不是说天主教把有序的生活局限于修行室修行。这无论是与理论还是与现实都绝不符合。与之相反的是，有人已经指出，尽管天主教在伦理上有很多节制，但其信徒生活上缺乏系统的伦理也照样无法实现其树立的一生要实现的最高理想。比如，圣方济各的第三条诫令在指引人们将禁欲主义渗入日常生活方面就是一次有力的尝试。我们都知道，这绝不是唯一的尝试。实际上，像《跟随基督》之类的著作表示，通过影响巨大的方式让人感觉这些宣扬的生活方式高于最低限度的日常伦理，同时，这种最低限度的日常伦理不能用清教所要求的标准来衡量。另外，教会的某些典章在实际利用，特别是免罪不可避免地与系统的世俗禁欲主义趋势背道而驰。因此，在宗教改革时期，这不仅被认识是不必的滥用，而且是教会的最根本的罪恶之一。

但最重要的是，在宗教意义上能过上理性生活的人只有僧侣。因此人一旦深深陷入禁欲主义就会远离日常生活，因为他最神圣的天职就是完全超越一切世俗伦理。路德没有遵循发展的规律，只是按照自己的个人经验来行事。尽管他对这种行事的实际后果不确定，但后来却迫于政治形势继续前行。路德曾否认过禁欲主义趋势，而加尔文派却从路德那里继承了禁欲主义。塞巴斯蒂安·弗兰克在认识到宗教改革的重要意义时抓住了这种宗教的中心特征：每个基督教徒不得不终生做僧侣。来自日常世俗生活的禁欲主义涓涓细流止于一座大坝，那些有可能成为最出色僧侣的虔诚的超凡脱俗的人只好被迫在世俗事务中追求他们的禁欲理想。

但加尔文派在发展过程中在此基础上补充了一些积极思想：有必

要在世俗活动中检验一个人的信仰。这样一来，就给越来越多有信教倾向的人积极动机接受禁欲主义。以宿命论为基础创立其伦理规范，加尔文派用现世命中注定为上帝圣徒的精神贵族代替僧侣们出世超世的精神贵族。正是具有永恒特质的这种贵族利用不可跨越的隐形的可怕鸿沟将其与永远被诅咒的那部分人划开界限，一条渗透到一切社会联系中的后沟残酷地将中世纪僧侣与其周围世界隔离。圣徒关于神的恩赐的意识总是与其对邻里罪过的态度相伴而生的，不是意识到自身弱点而对其富有同情心的理解，而是把他当成被永远诅咒的上帝的敌人加以憎恨和蔑视。如此强烈的这类情感有时会导致各种宗派的形成。17 世纪独立运动时期，加尔文教义就屈就于一种信念。加尔文教义认为上帝的荣耀要求教会应该那些受诅咒的人受制于教规，而当时的信念认为如果未获重生的灵魂进入上帝的殿堂参与各种圣事或者作为牧师掌管圣事，那简直是对上帝的侮辱。因此，作为教义校正的结果，教会的多纳图派思想应运而生，加尔文教里的浸礼派思想也是如此。众多宗派的形成并不总是要求建立纯正的教会，一个人人受恩赐的大家庭的真正必然结果。教规的不断修正来源于以下这些尝试：力求将获取重生的和不能获得重生的基督教徒分开，力求将做好准备和不准备做圣事的人分开，力求将教会的掌管以及其他一些特权掌握在能获取重生，准备做圣事的人手里，力求只任命那些不容怀疑的人做牧师。

这种禁欲主义在《圣经》中找到了既能自我衡量本身又明显必要的标准。值得注意的是加尔文派的著名权威像恪守《新约》道德格言一样恪守《旧约》道德格言，因为他们都是通过神谕得来的。重要的是这些道德格言不应该只适用于希伯来人当时的历史环境，也不应该被基督特别排斥。对信徒来说，戒律就是一种理想却又永远难以达到。与此同时，路德第一个褒扬挣脱戒律的束缚作为信徒神圣的特权。希伯来人既畏惧上帝又极具理性智慧在清教徒广为诵读的书籍以及《箴言》和《诗篇》中随处可见，这也影响着他们对待生活的态度。桑福德曾把清教对宗教神秘的非理性方面的抑制的原因归结于《旧约》的影响。但《旧约》中的理性主义在本质上是小资产阶级和传统主义的理性主义，夹杂着预言家先知家们的怜悯，也夹杂着在中世纪时促进宗教的非理性方面发展的因素。归根结底，加尔文派本身具有禁欲所特有的基本特征使得加尔文派选择和吸收了《旧约》宗教中最适合加尔文教的那些成分。

加尔文教新教的禁欲主义和天主教秩序中的理性生活形式的共同之处，在于伦理行为的系统化。虔诚的清教徒一直以珍视上帝的恩赐的方式浅显地诠释着这种系统化的伦理行为。当然，在耶稣会士的影响下充满激情的归正诸教派和部分现代天主教（特别在法国）都有记录罗列罪恶、诱惑和恩赐的进展的宗教账簿。但在天主教里，系统的伦理行为意在使（大多数女性）基督教徒彻底忏悔或为其“灵魂的向导”提供权威指导的基础。而归正会的基督教徒则在其辅助下体察自己的行为。所有的伦理家和神学家都提及过这种系统化的伦理行为。本杰明·富兰克林关于自己不同美德的历程的完整的统计式簿记就是经典实例。

另一方面，班扬曾把古老的中世纪（甚至古代）的上帝的簿记思想贯彻到极致，他把罪人和其心中的上帝比作顾客与店主。一旦负债，他通过各种努力还清由此产生的利息，却永远也还不清本金。同样，人一旦有罪，尽管他通过各种善行弥补由此带来的后果，但却无法替代他犯下的罪。随后的清教徒在关注自己行为的同时，也关注着上帝的行为，并在生活中处处效仿上帝。与严格的加尔文教义截然相反的是，清教徒总是明白上帝为什么采取这样那样的行为。因此，生活的神圣化过程可能呈现出商业企业性质。人整个一生的彻底基督化就是加尔文派迫使人进行有条不紊的伦理行为的结果，这是加尔文派有别于路德宗的地方。为了正确理解加尔文教的影响，必须一直牢记在加尔文教对现实生活的影响中，这种理性的伦理行为起着决定性作用。一方面，我们可以看到加尔文教利用这种理性的伦理行为来发挥其影响。此外，在其他信仰中，如果其伦理动机在这一关键点上相同的话，他们对其也必然有类似的影响。

至此，我们只讨论了加尔文派。同时，我们一直假定宿命论为清教伦理的教义背景（有条不紊的理性化的伦理行为）。这样假定是因为那种信条的影响事实上已经远远不仅限于恪守加尔文教原则的单个宗教群体长老派，1658 年《沙瓦独立宣言》和 1689 年《汉塞德·克诺里浸礼派信纲》都包含这一信条，甚至在卫斯理派也有其影响。尽管作为这场运动的组织天才约翰·卫斯理也相信上帝恩赐的普遍性，但第一代卫斯理派的鼓吹者及其继任者怀特菲尔德却是理性伦理行为的信徒。同样，曾一度颇有影响的以汉丁顿夫人为核心的群体也是如此。在 17 世纪生死攸关的年代，正是一致公认的教条坚定了富有战斗精神的神圣生活捍卫者的信念：理性的伦理行为是上帝手中的武器，上帝旨意的执行者。此外，理性的伦理行为也避免其沦为现世行善的纯粹实用主义教条，纯粹实用主义的教条绝不可能激励如此多的人为其非理性理想目的而献身。

信仰绝对可行的规范与绝对预定论和彻底的上帝超验论的有机结

合，本身就是伟大天才的结晶。同时，在原则上，比起在让上帝受道德规范约束的想法面前做较大让步的较为温和的教条，这更具现代性。最重要的是，我们反复见证到验证的思想对我们讨论的问题的根本意义。既然作为理性伦理学心理基础的实际意义完全可以在宿命论里加以研究，我们最好以一致公认的教义开始研究。这也为接下来要讨论的各宗派中信仰与行为之间的联系架构了框架。在新教运动中，这必然影响了其最初的信徒的行为中的禁欲主义倾向，其结果在原则上与路德宗的伦理上相对无助形成最鲜明的对比。路德的“可失的恩赐”尽管明显可以通过顿悟再次获得，但其本身并不包含整个道德生活的系统的理性规范，对我们而言，这是新教禁欲主义最重要的结果。路德宗的信仰几乎没有改变冲动行为和幼稚的情感带来的自发性活力。加尔文教教条赋予的始终如一的自制以及认真规范自己生活的动机是缺乏的。像路德一样的宗教天才能毫不费力地生活在开放自由的环境中，只要他有足够的激情，就不会有重新回到自然状态的危险。那种简单、敏感而又特别非理性的虔诚形式就像路德宗信徒自由而自发的伦理一样，在众多最高层次的路德教徒那里只是一种修饰而已。真正的清教几乎没有类似的虔诚形式，但在胡克、齐林华斯等人的英国国教里却有更多的类似的虔诚形式。对普通路德宗信徒，甚至能干的信徒而言，最肯定的事情就是只要简单的忏悔或者训诫打动了他，他就会被暂时提升到“自然状态”之上。对同时代的人来说，归正会和路德宗的伦理标准有着巨大的差别，路德宗常常因为酗酒和庸俗而名誉扫地。

此外，强调信仰本身，反对浸礼派的禁欲运动的路德宗神职人员的无能为力也是众所周知的。典型的德国品质——好性子或自然随和与英美环境下自然状态自发性的彻底解体的结果形成鲜明的对比，甚至人们的面部表情也是如此。德国人习惯于把英美人品格不恭地描述成狭隘、拘泥和内心抑制。但其行为的显著差异明显地源于在禁欲主义在生活中的渗透的不同程度，在这方面路德宗不及加尔文教。每个对一切禁欲的东西的反感都流露在这些情感上。事实上，路德宗在恩赐的教义心理上缺乏系统的行为来促进其生活有序地理性化。

决定其宗教禁欲特征的这种约束力本身无疑来自于各种不同的宗教动机，我们接下来要讨论。加尔文派的宿命说仅仅是其众多可能的动机之一。但我们深信这不仅本身有其相当独特的连贯性，而且它的心理上的影响也是极其深远的。与之形成对比的是，从纯粹禁欲主义的宗教动机角度看，非加尔文教的禁欲运动则削弱了加尔文教内在连贯性及其加尔文教的影响力。

但在其实际的发展历史中，大多数情形是这样的：加尔文教的禁欲主义形式要么被其他禁欲运动效仿，或者说加尔文教的禁欲主义形式是各种不同道义启示的来源或者是其比较的对象。尽管各种教派的教义基础不同，但他们却有类似的禁欲特征。总体来说，这是教会组织的结果。关于这一点，我们将会在别处讲到。

（二）虔信派

从历史来说，虔信派禁欲运动的出发点也是宿命论教义。由于这仍然是归正会内部的运动，因此，几乎不可能把虔信派加尔文教徒与非虔信派教徒区别开来。有时几乎所有的清教主要代表都被纳入虔信派教徒范畴。甚至可以这样说，为从根本上达到唯一的确定状态，宿命论与确保恩赐状态的教义之间的整个联系可以看成是虔信派对加尔文最初教义的发展。禁欲主义在归正会内的复兴，特别是在荷兰，通常伴随着曾被暂时遗忘或者未严格信奉的宿命论的再现。因此，对英格兰来说，根本没使用虔信派这一术语的习惯。

但归正教会中，欧陆（荷兰和莱茵河下游）的虔信派至少根本上如贝雷学说一样，只是对归正会禁欲主义的简单强化。“虔诚的实践”受到如此特别强调，以至于信条的正统性被推之幕后，甚至有时受到冷落。那些注定受到恩赐的人有时会受制于违反教条的错误和其他罪过。经验表明，往往是那些未受过神学院教育的基督教徒反而明显地充满信仰，另一方面，很明显，仅仅知晓神学决不会保证通过行为就会证明其信仰。

因此受到上帝恩赐根本不可能通过学习神学得到验证。这样一来，虔信派尽管形式上仍然属于神学家的教会，但却对其充满怀疑，并开始将“虔诚的实践”的信徒们召集到远离尘世的宗教集会上，以此希望使受恩赐之人的不为人所知的教会为世人所知。尽管还不至于形成独立教派，其信徒试图在这个群体中过上远离尘世种种诱惑、一切行为听其上帝旨意的生活，从而确保通过日常生活中表现出来的外在形式获取重生。因此，真正皈依者的教会——一切真正虔信派组织都如此——希望通过其强化了的禁欲主义达到此生与上帝共享福祉的目的。

后一种倾向与路德的“神秘的合一”有着密切联系，总是更强调宗教的非理性方面，进而超出了正统的加尔文教所能接受的范围。事实上，从我们的观点看来，这可以说是归正教发展而来的虔信派的决定性特点。这种非理性因素一方面对加尔文教来说完全是外来，另一方面，也与某些中世纪的宗教形态有联系。这种非理性引领现实中的宗教努力争取在现世获得救赎，而不是为了来世的确定性而努力禁欲。此外，这种非理性能容纳如此的集中程度以至于宗教呈现出积极的歇斯底里的特征，结果是在神经病理学上可以理解的无数熟悉事例的交替出现。这种非理性也能容忍其伴随着周期性神经疲劳半意识的宗教狂热状态，这可以理解为上帝的放纵。而与之直接相对的是，清教徒在其严格而又有节制的教规下过着系统的神圣的生活。这也就是说弱化禁令，从而使加尔文教徒的理性个性免受情欲侵扰。同样，非理性地讲，加尔文教人性堕落的思想，就像蠕虫一样，可能导致弱化其世俗行为的进取心。更为甚者，神意论与理性的加尔文派的主导趋势恰恰相反，若成为其非理性默祷的目的，则可能导致宿命论。其结果是，虔诚派，甚至是归正教的发展反复表明，极其非理性地将受恩赐的信徒与世人隔离，可能导致某种半共产主义特性的集体修行生活。

但要是这种强调非理性的极端结果不出现，要是归正会虔信派履行世俗的天职，在日常生活中力保获得救赎，虔信派信条的实际影响就是在天职里比一般的归正会基督教徒的世俗名望更为严格地控制其禁欲行为，从而为天职的伦理奠定更为坚实的宗教基础（高尚的虔信教徒认为世俗名望是次等基督教信仰）。在荷兰，在自愿基础上，被上帝恩赐的人认真践行加尔文禁欲主义，以教会内秘密集会形式组织成宗教贵族阶层。另一方面，在英格兰清教里，这在一定程度上导致其教会组织内积极的基督教徒和消极基督教徒之间实质性的分化，这也在一定程度上导致宗教派别的形成。

另一方面，以斯彭内尔、弗兰克、亲岑道夫等为代表路德宗为基础的德国虔信派的发展偏离了神意论教义，却远未背离神意论的主要思想，这在其英格兰和荷兰虔信派对其影响自述以及最初几次秘密集会上诵读贝雷说中得到特别证实。

从我们特定的角度看，不管怎么说，虔诚主义简单地说就是将系统的约束和指导的行为，即禁欲的行为渗透到非加尔文教派中。但路德宗必然会认为这种理性的禁欲主义是外来的因素，德国虔信派教义缺乏连贯性就是因此而生的困难的结果。斯彭内尔把路德宗思想和加尔文教“为上帝荣耀行事的善行”说结合起来，作为系统的宗教行为的教义基础。想到加尔文教，斯彭内尔也相信受到恩惠的信徒完全可能成为相对完美的基督教徒。但这种理论缺乏一致性。深受神秘主义影响，斯彭内尔基本运用路德宗的方法描述而不是为虔信派必有的基督教徒的行为系统辩护。他不是从神化的东西中得到“唯一的确定性”。他没有采取验证的思想，相反，他采取的是我们上面讨论过的路德的关于信仰与善行的松散联系的思想。尽管虔信派理性的禁欲因素远远超过其非理性因素，但对我们论题有益的那些思想却一再保住了他们的阵地。

其思想如下：（1）就其规律而言，恩赐的表现就是使各自的受恩赐的状态提升到越来越确定而又完美的状态；（2）上帝的天意通过这样的完美的恩赐状态发挥其作用，换言之，如果受恩赐的信徒能耐心等候，有条理地深思，上帝就会赋予他们神圣的旨意。A. H. 弗兰克毫无质疑，从事一项天职的劳动也是最好的禁欲行为，上帝降福于他所选中的通过自己劳动而成功的信徒，我们发现清教徒也是如此。作为其双重天命的代言人，虔信派想出相当类似于加尔文教的思想，这种思想使受上帝特别恩赐的贵族阶层产生，也产生了上述心理影响。例如，在所属的这些思想中，尽管对虔信派不公平，其反对者一般都把所谓的忏悔期限论认为是虔信派的思想。忏悔期限论认为，恩赐是赋予所有人的，但就每个人而言，有的是在其生命中的某一确定时刻给予一次，有的是在某一时刻最后一次给予。任何一个错失那一时刻的人都无法获得普遍恩赐的帮助，他就会跟加尔文教义中被忽略的那些人一样。与这一理论极其接近的是弗兰克从自身经验中获取的思想。他的思想在虔信派里广为流传，甚至可以说占据主导地位。弗兰克认为，恩赐只有在其特定的条件下行之有效。换言之，恩赐只有在忏悔之后才行之有效。根据虔诚教教义，既然并不是所有人都能够有这样的体验，因此在获得重生的人眼里，那些尽管用其虔信教教徒推荐的禁欲方法来获得而没有得到那种体验的人仍然是消极的基督教徒。另一方面，通过创造一种诱发忏悔的方法，获得神的恩赐实际上就变成了人的理性行为的目的。

此外，尽管不为所有人接受，比如说不被弗兰克接受，许多虔信派教徒尤其是虔信派牧师反对个人的密室忏悔，这是斯彭内尔反复质疑的。这种反对来自于受恩赐的贵族阶层。这种反对措施有助于削弱虔信派与路德宗的联系。它对通过忏悔获得的恩赐行为的可见的效果构成了获得赦罪的必要标准。因此，仅仅忏悔就足够了，这是不可能的。亲岑道夫认为，他自己的宗教立场尽管在面对正统派攻击时有些摇摆不定，但总体上还是倾向于有意义的思想。但除此之外，这位被里敕尔称作杰出的宗教业余爱好者的学说的立足点几乎不能明确指出对我们有重要意义的观点。他反复称自己是保罗－路德基督教徒的代表。因此，他反对将虔信派与恪守教规的简森联系起来。但实际上，早在 1729 年 8 月 22 日的《草约》上，兄弟会就曾支持在很多方面与加尔文派受恩赐的贵族们的立场极其类似的立场。尽管亲岑道夫一再声称他身属路德宗，但他还是支持和鼓励坚持这种立场。亲岑道夫在1741年11月2日所表达的立场——将《旧约》归于基督——几乎就是公开表达相同的立场。但三个兄弟会分支中，加尔文分支和摩拉维亚分支从开始就接受了归正会的伦理要点。甚至亲岑道夫在向约翰·威士利表达其看法时也采取了清教徒的立场：即使一个人自己不能从他的行为中得知他的受恩赐的状态，但其他人却能从其行为中看到他受恩赐的状态。

但另一方面，在对摩拉维亚教派信徒的独特的虔敬中，非理性的因素却占据着非常突出的地位。尤其是亲岑道夫自己不断地试图抵制清教的禁欲主义神圣化趋势，并从路德宗角度阐释善行。受其批判秘密集会糟粕取其忏悔精华的影响，依靠圣事在根本上发展路德宗。此外，亲岑道夫独特的道义认为，天真无邪的宗教情感是其真挚情感的流露，同时主张运用占卜来揭示上帝的意志。这种道义大大削弱了理性行为的影响。总体上，在亲岑道夫的影响下，反理性的、非理性的因素在摩拉维亚兄弟会信仰的宗教中，占据更为明显的统治地位。品行和罪过的宽恕之间的联系在斯班根伯格的"忠实弟兄情谊的思想"中，基本上和路德宗中一样模糊。亲岑道夫对循道派追求完美的批判是他基本幸福论理想的组成部分之一。他的幸福论理想认为，应该让人在现世中非理性地体验永恒的福祉（他称之为幸福），而不是鼓励他们通过理性的劳动确保来世幸福。

尽管如此，与其他教会相对而言，兄弟会最重要的价值在于在传教以及天职中从事职业工作中过积极的基督徒生活。这种观念仍然是兄弟会教徒们重要的动力。此外，从功利立场看，实用的理性化生活对亲岑道夫人生观来说是至关重要的。对亲岑道夫来说，跟其他虔信派教徒一样，实用的理性化生活一方面源于对信仰危险哲学思辨的厌恶和对经验知识的偏爱，另一方面源于职业传教士精明的常识。兄弟会是巨大的传教中心，同时也是一个商业企业。因此，兄弟会引领其信徒走上世俗禁欲主义道路，首先四处寻求任务，然后认真系统地完成这些任务。然而，颂扬贫困的，颂扬注定被上帝恩选的门徒，源于作为传教士的使徒的榜样，同时也带来另外的困境。实际上，这是“与福音保持一致”的局部宗教复兴。与浸礼派运动发展一样，加尔文教式的理性的实用的伦理的发展确实受到这些因素的阻碍，这也不是不可能的，相反，这在主观上却得到完全为天职而工作的思想的大大支持。

总而言之，从对我们重要的观点出发，我们在讨论德国虔信派时，必须承认其禁欲主义的宗教基础摇摆不定，这使其宗教基础明显不及加尔文教稳定，而其宗教基础的不稳定性一部分是由于受到路德宗的影响，一部分是其非理性因素的结果。当然，把非理性因素作为虔信派和路德宗的区别性特征，这是非常片面的。但就其生活的理性化程度而言，虔信派必然不及加尔文教深入，因为不断被证明受恩赐以及关注永恒性来世的职业压力也就被转移至现世的非理性状态。结果，受恩赐的人力求在天职工作不断成功地获得自信，但这种自信却被谦卑和克制的态度所替代了。反过来，这有些是由于完全导向精神体验的非理性刺激的结果，有些是路德宗忏悔制的结果。尽管虔信派经常质疑路德宗忏悔制，但虔信派还是容忍这种忏悔制。所有这些向我们展示了路德宗救赎思想的影响：通过宽恕罪行，而不是通过现实的神圣化达到救赎的目的。现在服从上帝，与上帝同在的需求取代了系统的理性的为获得与保持对未来（来世）救赎的了解而做的努力。这样，从某种意义上说，追求现世享乐生活阻滞其理性化的实用生活趋势在宗教生活领域也同样存在。

很明显，与加尔文教通过其对彼岸世界独有的偏见确保其受恩赐的需要相比，满足非理性的宗教需要倾向不可能铸就如此有力的动机使世俗行为理性化。另一方面，较之于正统路德宗教徒的受制于《圣经》和圣事的传统主义信仰来说，这种做法更有利于宗教有条不紊的渗透到行为中去。总体来说，从弗兰克和斯彭内尔到亲岑道夫，虔信派越来越倾向于强调非理性方面。但这绝不是其内在发展规律的表现。他们所处的宗教（和社会）环境不同，结果导致他们思想的这种差异。这里我们不可能讨论这个问题，我们也不可能讨论德国虔信派的独特性如何影响其社会范围和地理范围。我们必须再次提醒自己，非理性的虔信派肯定会慢慢走进清教受恩赐的信徒的生活方式。如果我们能，至少是暂时能指出这种差别带来的实际影响的话，我们可以说虔信派偏爱的美德一方面是忠诚的官吏、职员、劳动者或者家庭工人的美德，另一方面是占主导地位的虔诚的家族式雇主的美德（亲岑道夫的方式）。比较起来，加尔文教似乎更紧密地与资产阶级 - 资本主义的企业家严格的条文主义和积极的上进心联系在一起。如里敕尔所指出那样，纯非理性的虔信派是有闲阶级的一种宗教业余嗜好。尽管这种描述不够详尽，但有助于解释两种禁欲运动各自影响下的民族特征（包括经济特性）差异。

（三）循道派

与欧陆虔信派相对应的英美循道派延续了非理性的禁欲宗教形式，同时也摒弃了加尔文教禁欲主义的教义基础。“循道”这一名称本身就表明同时代的人印象深刻的是其信徒的特点：为了实现“唯一的确定性”目的其行为的稳定性和系统性。循道派一开始就是这场禁欲运动宗教渴望的中心，并一直持续下来。尽管存在差异，但循道派与德国虔信派的某些分支肯定存在联系，这首先表现在以下事实：他们都运用方法导致改变其宗教信仰的非理性行为。受摩拉维亚兄弟会和路德宗的影响，约翰·威士利认为，循道派一开始就意识到自己在大多数人中的使命，但对感觉的强调导致循道派具有极强烈的非理性特征，这在美洲特别突出。在一定环境下，要达到忏悔的目的需要强烈的非理性努力，以至于会导致其最可怕的狂热状态，在美国这往往会发生在公众集会场合。这既为占有不应得的上帝恩赐的信仰奠定了基础，又为释罪和宽恕的瞬时意识的信仰奠定了基础。

至此，这种非理性的宗教循道派与打上清教永久理性烙印的禁欲伦理没有细微的内在差别，极其相似。首先，与加尔文教不同，加尔文教把一切非理性的东西都认为是虚幻的东西，而“唯一的确定性”的唯一确定的基础根本上被认为是对宽恕的绝对确定性的感觉。这种确定性直接源于精神箴言，其出现也肯定要有待时日。作为其补充，威士利的神圣化说虽显然背离了正统教义，但其神圣化说却是正统教义的逻辑发展。根据威士利的神圣化说，以此获得新生的人借助其上帝的恩赐甚至可能在此生实现神圣化，即通过再次个别突然的精神转变实现摆脱罪行的完美的意识。不管达到这个目标有多难，一般情况下直到临终之时才能达到，这一目标是必须要追求的，因为它最终确保了“唯一的确定性”，并用沉着的自信替代了加尔文教徒的忧郁的忧虑。同时，在他自己和他人看来，这一目标通过罪行对他不再有影响这一事实使得真正的转变与众不同。

尽管不言自明的感觉具有极其重大的意义，但根据教规，正当的行为也自然该遵循。无论何时威士利攻击强调当时善行的做法，这也只不过是为了复兴古老的清教教义——善行不仅是目标，而且是知晓到其恩赐状态的手段。行善完全为了上帝的荣耀更是如此。威士利自己也发现，仅仅正当的行为是不够的。除此之外，恩赐的感觉也是有必要的。威士利自己有时也把善行看成是恩赐的条件。在 1771 年 8 月 9 日宣言中，威士利强调，不行善就不是一个真正的信徒。事实上，循道派教徒总是认为，他们与英格兰国教不仅在教义上而且在宗教实践上都没有区别。《新约·约翰一书》第 3 章第 9 节也证明强调信仰的硕果是可行的。正当的行为被视作获得重生的鲜明标准。

但尽管如此还有很多困难。对信仰神意论的循道派信徒而言，把“唯一的确定性”看成恩赐和完善直接感觉的显现，而不是源于不断证实其信仰的禁欲行为的恩赐意识的显现。自那以后，全部教规的确定性就只依赖简单的忏悔行为，这意味着二者之一。对弱势群体而言，基督教的自由有了宿命的阐释。随之循道行为也崩溃了，或者说循道被否弃时，好人的自信提升到了说不出的高度，增强了清教徒式的非理性。面对种种攻击，循道派努力迎接这些挑战。一方面，循道派进一步强调《圣经》的规范权威和校验的不可或缺性；另一方面，循道派在禁欲运动中运用恩赐也可能失去的交易在实效上强化威士利反加尔文主义的教派。威士利通过摩拉维亚兄弟会所接受的路德宗影响加强了这种趋势，也增加了循道派伦理宗教基础的不确定性。最后只有重生的理念，救赎的非理性的确定性作为信仰的直接结果保持下来作为恩赐不可或缺的基础；随之使其免受罪行的束缚，神圣化也就成了恩赐的必然的验证。恩赐的外在方式，特别是圣事的重要意义也随之淡化了。无论如何，在各地因循道派唤起的普遍觉悟，比如在新英格兰，就意味着恩赐和受恩赐的胜利。

因此，我们认为，循道派的伦理似乎以不确定性为基础，这与虔信派是相似的。但对更高生活的向往，期待被赐福成了神意说的权宜之计。此外，源于英格兰，循道派的伦理实践与英国清教的伦理实践有着密切联系，循道派期望复兴英国清教。这就有条不紊地诱发出信徒皈依式的非理性行为。皈依后，与之而来的不是效仿非理性的亲岑道夫的虔信派方式，与上帝一起虔诚地享乐。但非理性一旦唤起，就会导向理性完善方向。这样，其信仰的非理性特征并没有像德国虔信派那样导致其精神化的宗教感觉。施奈肯伯格已经表明，这与罪恶感的缓慢发展息息相关（部分是因为皈依的非理性体验）。这一点在循道派里是普遍接受的观点。这里，其宗教感情的加尔文主义的本质特征仍然起着至关重要的作用。非理性的刺激偶然有力地交织成对宗教的狂热，但这影响不了行为理性方面的特征。循道派摒弃了神意说，因此其重生也仅仅是禁欲行为的宗教基础善行说的补充。行为成为确保真正皈依的手段，甚至如威士利所说的行为成其真正皈依的条件，这事实上完全与加尔文派如出一辙。在接下来的讨论中，作为晚生的我们一般都忽略了循道派，因为它并没有为天职发展输送新东西。

（四）浸礼宗诸派

从思想内容和其历史意义来说，欧陆的虔信派和盎格鲁－撒克逊的循道派都是次要的禁欲运动。另一方面，除浸礼运动中的加尔文教以及 16、17 世纪直接源于加尔文教或者说采取其宗教思想形式的宗派（浸礼派，门诺派，尤其是贵格会）外，我们还发现了新教禁欲主义另一个独立来源。通过这些教派，我们将研究其伦理基础在原则上异于加尔文教义的宗教团体。接下来的描述只是侧重于对我们来说重要的内容，因此不能真正反映出这场禁欲运动的多样性。我们还是把主要重心放在历史较长的资本主义国家中禁欲运动的发展上。

所有这些教派的特征就是我们已经熟悉的信徒的教会。这无论从历史发展还是从宗教原则上讲都是极为重要的，但它对文化发展的影响只能从某种别的联系中得以弄清楚。这也意味着宗教团体，用归正派的话说，有形的教会不再被看成是一种超自然的信托机构，一个基本上包括正义与非正义的机构，无论是为了给上帝增光添彩（加尔文派），还是作为给人带来救赎手段的媒介（天主教和路德宗），而只能被看成是由一个个相信重生的信徒组成的团体，而且也只能是这些人组成的团体。换言之，宗教团体不再被看成是教会而被看成是教派。这就是只有自身获得信仰的成年人才应该受到浸礼这一外在原则所要表示的内容。在所有宗教讨论中浸礼派教徒一再重申，通过信仰释罪有别于统治其老一代新教教徒正统道义的通过现世善行服务于基督的思想。通过信仰释罪主要在于只有通过神圣精神作用于个人，在精神上占有上帝救赎恩赐。人人都有机会通过信仰释罪，只要等待神圣灵，不要因为沉溺于罪恶的尘世而抗拒圣灵就足够了。从知晓基督教义和忏悔寻求上帝恩赐角度讲，信仰的意义是相当有限的，这经过重大修改的早期基督教魂灵思想就这样复兴了。例如，门诺·西蒙斯在其《基督教救赎基本读物》首次给出合理的一致性的教义。他认为，像其他浸礼教派一样，教派希望成为一个无可指责的基督教会，一个完全由受上帝亲自启蒙和召唤的信徒组成的信徒团体。那些获得再生的人，而且只有他们才是基督的兄弟，因为与基督一样，他们在精神上直接由上帝创造的。绝对地逃避尘世（避免一切与世人不必要的交往）和严格维护圣经的至高无上（以早期基督徒生活为榜样）是早期浸礼派团体的产物，只要旧观念还存在，这种逃避尘世的教义就不会完全消失。

浸礼各教派从其前期占主导地位的动机中保持了一条原则作为其永久的财富。这条原则在我们讨论加尔文教时已经熟知，但又有其不同的根基，与此同时，这条原则的根本重要性也反复出现。浸礼各教派完全摒弃一切对肉体的崇拜，认为这样有损于本来仅属于上帝的崇敬。瑞士和德国南部的早期浸礼教徒运用激进思想，认为圣经式的生活方式是与一切尘世享乐生活彻底决裂，直接以使徒为其模范的生活，青年时期的圣法兰西斯也有其类似的看法。的确，许多早期浸礼教徒的生活让人想起圣吉尔斯的生活方式。但这种严格恪守圣经戒律在其与信仰的精神特征联系上并没有比较牢固的根基。上帝想先知和使徒们传递的旨意并不是上帝能够和愿意传递的全部。与之相反的是，作为作用于日常生活的圣灵的力量，而不是一种书面的文字记录，直接对愿意倾听的信徒面授机宜，《圣经》经久不衰的生命力是真正的教会的唯一特性。这就是早期基督教徒们的戒律，苏温科菲尔德曾宣扬这一点以反对路德，后来福克斯又将其用来反对长老会。正是从《圣经》经久不衰的生命力这种思想出发，发展出理智与良知中圣灵的内心戒律之重要性的著名学说，贵格会后来一直致力于这种学说（这一学说归根结底至关重要）。这不是废除《圣经》的权威，而是废除《圣经》独有的权力，其发展结果最终彻底破除一切通过教会而救赎的教义的残余思想，对贵格会，甚至浸礼派和圣餐派也是如此。浸礼诸派和神意论者，特别是严格意义上的加尔文教徒彻底贬低了一切作为救赎手段的圣事，并以其最极端的形式实现尘世的宗教理性化。只有连续默示的内部杰出人物才能让人真正理解圣经启示录。另一方面，根据贵格会教义，至少这里我们可以得出其必然结论，其影响可以延伸到那些从不知晓圣经形式的默示的人。“教会之外没有救赎”这一论断只适用于受圣灵启发的那些人的无形的教会。没有内部的杰出人物，自然人，甚至受自然理智指导的人仍然只是肉体动物而已，其无上帝思想遭到包括贵格会在内的浸礼诸派的责难，甚至比加尔文教更为严厉的责难。另一方面，既然重生是神意造就的，如果我们等候圣灵造就的重生，并对全身心地去获得，重生则能最终彻底战胜反复的罪恶。不用说失去恩赐状态，就连重生也可能变得不可能。然而，实现这种状态不被认为是教规，但个人的完善程度受制于这种状态的发展。

就其成员的无过失行为而言，一切浸礼派团体都希望成为纯正的教会。诚挚地摒弃尘世以及其利益和通过良知无条件服从上帝是真正意义上的重生的唯一无可置疑的标准，相应的行为对救赎来说也是必不可少的。因此，上帝恩赐是不可能靠挣来的，而只有听任其良知指挥的人才有理由获得重生。从这个意义上说，善行是必不可少的。可见，我们一直支持的巴克莱推理实际上也是加尔文教教义的翻版，这也是在其流行于英格兰和荷兰的浸礼诸派的加尔文禁欲主义影响下发展起来。在早期的传教行为中，乔治·福克斯一直致力于诚挚地劝说人们采纳这种思想。

但既然浸礼派拒绝接受神意论，浸礼派伦理在心理上首先基于期待圣灵降临的思想。期待圣灵降临甚至当今也是贵格会集会的特征，对此巴克莱也深入分析过。这种默默期待的目的在于克服一切冲动和非理性，克服自然人的激情和主观利益。为了使心灵安宁，他必须静下心来，这样他才能聆听上帝的安排。当然，这种期待可能导致歇斯底里的预言。只要末世论的希望仍在的话，在一定条件下甚至会导致其蕴藏千年的宗教狂的爆发，这种情况在一切类似宗教里也是可能出现的。这种情况实际上在蒙斯特土崩瓦解的宗教运动中就发生过。

但就浸礼派影响到平凡的日常世界而言，上帝只有在肉体平静时才开口的思想实际上就是促使人们用其良知在其行为和释罪之间认真权衡。后期的浸礼诸派，尤其是贵格会采取了这种宁静、平和又本着良知做的行为。尘世魔力的彻底根除只容得下推行世俗禁欲主义。既然这些派别都与政治权势及政治权势的所作所为毫无关系，其外在结果就是将其禁欲美德渗透进天职生活中。最早期浸礼运动的领袖们冷酷而彻底地反对世俗。但自然地，甚至第一代浸礼派信徒也没有坚持主张使徒式严格的生活方式是每个人能否重生必不可少的。甚至在这一代人，甚至在门诺之前都有坚决捍卫实用的世俗美德和私有制的富有的资产阶级。浸礼教严格的伦理在实践中步入了加尔文教的伦理。这仅仅是因为自路德以来，通往来世隐修式的禁欲主义之路因为未恪守圣经和品位通过善行救赎而关闭了，在这点上，浸礼派延续了路德的思想。然而，除了早期这些半共产主义形式的派别，一个所谓顿卡尔德的浸礼教派直至今日仍然谴责教育，谴责生活必需外的一切私有财产。甚至巴莱克，不是从加尔文派或路德宗角度，而是从托马斯式的角度出发，也把其天职责任看成自然手段，即信徒们生活在尘世必需的条件。这种态度意削弱了加尔文教天职观念，也削弱了斯彭内尔和德国虔信派天职观的。但另一方面，在浸礼诸派中，由于各种因素影响，对从事实用职业的兴趣日益增强。首先，受其拒绝担任政府公职影响，这种思想最初是作为一种宗教职责，摒弃一切世俗。理论上，这种思想已经受到遗弃，但实践中仍然在起作用，至少对门诺派和贵格会来说是这样的，因为他们严格拒绝武装，拒绝宣誓，这样他们就完全没资格担任公职。与此同时，所有浸礼诸派坚决反对贵族生活方式。与加尔文教一样，这一方面是禁止肉体崇拜的结果，另一方面是其前面提到过的非政治甚至反政治原则的结果。浸礼派行为的精明而有谨慎的理性因此也被迫进入非政治的天职中去。

同时，良知是上帝给予每个人的默示，浸礼派救赎教义把其极大的重要性归结为每个人良知的作用。这种重要性也赋予每个人世俗职业中的行为一种对资本主义精神发展意义最大的（禁欲主义）特征。我们不得不将这个讨论留到后面，那样研究才有可能不触及新教禁欲主义的社会伦理和政治伦理。然而，在此之前，我们已经唤起人们注意资本主义伦理最重要的道义："诚实就是上策"。上述经典表述摘自富兰克林的小册子。甚至就 17 世纪而言，浸礼派，特别是贵格会具体的世俗禁欲主义在于这一行为准则的实际运用。另一方面，我们将期望发现，加尔文教的影响在于释放其获取私有财产的精力。尽管受恩赐的加尔文教徒有其正式的教义，但实际上，歌德的话往往可以适用于加尔文教徒："行动的人从来就是残酷无情的，除了旁观者之外，没有任何人有良心。"

对增强浸礼诸派禁欲主义影响更为重要因素就其本身的重要意义，也只能在其与其他的联系中再讨论。尽管如此，为了说明我们为什么这样陈述，我们不妨就这个问题发表点看法。我们特意不以旧教教会的客观社会机构以及他们的伦理影响，特别是极为重要的教会戒律为我们的出发点。我们更宁愿把出发点放在主观上接受禁欲信仰对个人行为所产生的结果上。这不仅是因为一方面以往受到的注意远远不如另一方面，而且是因为教会戒律的效果并不是始终不变的。相反，正如加尔文政教推行的那样，几乎等同于宗教法庭的教会对个人生活的监督会阻碍以为救赎而追求理性禁欲主义为条件的个人权力的自由。在一些情况下也的确如此。

国家商业规章可以促进工业发展，无独有偶，国家商业规章也可以促进资本主义精神的发展。同时，国家商业规章也呈现出专制权威特征，因此他们在很大程度上也阻碍了资本主义精神发展。因此，当教会的严格控制变得过分专制时，其严格控制也会阻碍资本主义精神发展。这也强化了某种外在的服从，但在某些情况下也削弱了理性行为的主观动机。关于这点的任何讨论必然两种戒律结果的巨大差别，一种是英国国教专制的伦理戒律，一种是建立在自愿服从基础上的浸礼诸派戒律。各地的浸礼运动原则上建立了教派组织而不是教会，这一点与那些加尔文教、循道派和虔信派的情况一样，在不同程度上有利于增强浸礼诸派的禁欲主义。这些教派也因环境所迫而组成志愿组织。

既然上面我们已经讨论了商业社会中清教天职观的宗教基础，接下来我们将讨论商业社会中清教天职观的影响。我们已经关注过不同禁欲运动所表现出来的细节与侧重点的差异，但这些禁欲运动中也存在重要而现实的相同特征。

但是，就我们所要达到的目的来看，问题的关键简要说来在于宗教上恩宠状态的观念，这种观念对于所有教派都是很普遍的，它是把获得这种状态的人从肉体的堕落中，从尘世中划分出来的标志。

另一方面，尽管在不同的教义中获得恩宠的方式不同，但它决不能凭魔术般的圣事来取得，也不能靠相信忏悔来达到，更不能通过个人的善行来获取这一点却是共同的。只有在证明具有与自然人生活方式明显相异的特殊行为方式之后，才有可能取得这种恩宠，由此产生出对于个人的推动力，激励个人有条有理地监督自己行为，以使自己获得恩宠，并因此而把禁欲主义注入其行为之中。但是，如同我们所见，这种禁欲主义行为意味着人的整个一生必须与上帝的意志保持理性的一致，而且这种禁欲主义再也不是一种不堪承受的负担（opus supererogationis），而是每一个确信拯救的人都可以做到的事情。与自然生活不同的圣徒们的宗教生活再也不是在离开尘世的修道院里度过，而是在尘世及其各种机构里度过——这是非常重要的一点。这种在现世之中（但又是为了来世的缘故）将行为理性化，正是禁欲主义新教的职业观引起的结果。

最初逃避尘世，与世隔绝的基督教禁欲主义已经统治了这个它在修道院里通过教会早已宣布弃绝了的世界（但总的说来，它还没有影响到尘世的日常生活中自然而发的特点）。现在，它走出修道院，将修道院的大门“呼”地关上，大步跨入生活的集市，开始把自己的规矩条理渗透到生活的常规之中，把它塑造成一种尘世中的生活，但这种生活既不是属于尘世的，也不是为尘世的。这会产生什么样的后果呢？我们将在后面的讨论中阐明。

第五章　禁欲主义与资本主义精神

为了理解新教禁欲主义基本宗教思想与其日常经济行为准则的联系，有必要特别仔细地研究明显源于教会实践活动的著作。对于来世意味一切的时代，基督教徒的社会地位取决于是否获准加入教会，教士通过其任职、教会戒律、布道发挥着我们现代人无法言喻的影响（参见劝世文、良知汇编等）。在这样的时代，通过这些途径表现出来的宗教力量对民族性格的形成起着决定性影响。

为了本章，尽管不是本章所有目的，我们把新教禁欲主义看作一个统一的整体。既然源于加尔文教的英格兰清教主义赋予天职观最融贯前后的宗教基础，我们将遵循前面的方法，选其代表人物之一作为讨论重点。理查德·巴克斯特就是清教伦理最出名的作家，不仅是因为他极其注重实践和现实，同时也是因为他的著作享有普遍声誉，不断再版和翻译。理查德·巴克斯特是长老会教徒，也是威斯特敏斯特宗教会议的辩护文作者，但像众多其同时代的最优秀的灵魂人物一样，他逐渐远离了正统加尔文派教条。在内心深处，理查德·巴克斯特反对克伦威尔的篡权，同时，他也反对一切变革。理查德·巴克斯特不同意异端宗教教派和圣徒们的狂热的宗教激情。但他却兼容其他教派的客观特性，客观对待其意见相反的人。理查德·巴克斯特特别致力于通过教会的作用着实改善伦理生活。为了达到这个目标，理查德·巴克斯特先后就职于克伦威尔国会政府、查理二世王朝复辟国会政府，最后在圣巴肖罗缪节前引退。理查德·巴克斯特的《基督教指南》是清教伦理最好的概述，并不断修正其内容去适应他自己从事牧师工作实践。相比之下，我们把斯彭内尔的《神学思想录》作为德国虔信派的代表，巴克莱的《辩护辞》作为贵客会以及其他一些禁欲主义伦理的代表。不过，鉴于篇幅有限，我们仅作如此比较。

在提到巴克斯特的《圣徒永恒的安息》、《基督教指南》以及他人的类似著作时，我们一眼就会惊奇地发现，在讨论财富极其财富的获得时强调《新约》的伊便尼派的影响。财富同样也是极大的危险，它的诱惑永无休止。与上帝王国的无上重要性相比，财富的追逐不仅毫无意义，而且道义上也值得怀疑。这种禁欲主义似乎比加尔文更尖锐地反对追逐世俗财产。加尔文认为，聚敛财富不是阻碍教士发挥有效影响作用，而是全面地提升其期待的威望。因此，加尔文允许教士有效地利用他们的财富。在清教著作里，有关对追逐金钱和财产的非难的实例比比皆是。相对而言，中世纪后期的伦理文献在这一点上态度更开明。此外，他们以极其认真的态度表达了对追逐财富的种种疑虑。为了理解其真正的伦理意义与意涵，我们有必要更深入地研究这些疑虑。我们真正反对的伦理是占有财富后的懈怠，享受财富伴随游手好闲、肉体诱惑的结果，更重要的是干扰追求正确生活。事实上，正是因为财富使人陷入放纵懈怠的危险，我们反对占有财富。因为圣徒的永恒安息是在彼岸世界，而在世俗生活中，为了确保其恩赐状态，圣徒必须“完成主分配给他的善行，直至安息”。按照明确的上帝意旨，唯有实际善行而非悠闲享乐才可以增添上帝荣耀。

因此，浪费时间是万恶之首。要确保受上帝恩赐，人生是极其短暂而宝贵的。浪费时间社交，闲聊，奢华，甚至睡眠超过对健康来说必要的 6 至 8 小时，都应受到绝对的道德谴责。尽管这不像富兰克林所说的时间就是金钱，但这句箴言在某种精神层面上还是真理。时光无价，因为虚掷一寸光阴就是一寸为上帝增添荣耀效劳的时光。因此，无为的默祷也是毫无价值的，如果这是以牺牲人的日常工作为代价换来的，更应受到责难，因为上帝更乐于使人在天职中积极践行其意志。此外，礼拜日就是用来默祷的。巴克斯特认为，往往就是那些不尽其天职的人在必要时没有时间向上帝默祷。

因此，巴克斯特主要工作就是往往不断反复、充满激情地宣扬坚持不懈践行艰苦的体力和脑力劳动。这在于两种不同因素的结合。一方面，在西方教会里，劳动往往是人们公认的禁欲方法，这与东正教和全世界其他修行戒律形成鲜明对比。劳动也是一种抵御清教归结为不洁生活的一切诱惑的特别手段。这种功效绝不是无足轻重的。清教的性禁欲主义与修道院禁欲主义只是在禁欲程度上，而非根本原则有差别。因为清教的婚姻观念，其实际影响远比后者意义深远。因为甚至在婚姻生活里，性交就只是遵照上帝恩准按照圣训“孳生繁育”为上帝荣耀增光添彩时才允许。除粗茶淡饭和冷水浴外，跟抵御宗教疑虑和道德不对称一样，抵御一切性诱惑的药方就是尽忠职守。但最重要的是进一步把劳动本身当成人生的目的，这也是上帝的圣训。圣保罗的名言“不劳者不得食”无条件地适用于每个人。不愿劳动就得不到上帝恩赐。

这与中世纪观念的差异变得相当明显。托马斯·阿奎那也曾诠释过圣保罗的那句名言。但对托马斯·阿奎那来说，劳动仅仅是维持个人与社会的必要的自然条件。一旦这个目的达到，这句格言就不再具有任何意义。而且，这也只适用于人类，而不适用于每个个人。这不适用于那些不劳而获的人。当然，作为上帝王国精神活动方式之一的默祷拥有了超越这一训诫的地位。此外，对于那个时代盛行的神学来说，修道生活的最高成就就是通过祈祷和圣歌来充实圣库。

巴克斯特不再认为在履行劳动义务时允许存在这些例外情况。他断然强调，财富不能使任何人回避这一无条件的命令。富人也不可不劳而食。因为即使他们没有必要靠劳动维持自身需求，富人也必须同穷人一样服从上帝的圣训。上帝的神意毫无例外为每个人安排了天职，每个人都应该各事其职，并以此辛勤劳动。就路德宗而言，这个天职不是每个人必须服从和充分利用的宿命，而是上帝的圣训，以此为上帝神圣荣耀而劳动。这看起来细微的差别却带来了深远的心理影响。这种细微差别与始于经院哲学的经济等级神意论的进一步发展息息相关。

托马斯·阿奎那把社会的劳动分工和职业分工现象解释成神安排一切的直接结果，这种解释可能最便于援引。然而，在整个世界中，委派到每个人身上的职责取决于自然法则而且也是偶然的。我们已经看到，路德认为，在历史发展中形成的阶级差别和职业差别是上帝意旨的直接结果。每个人在上帝委派范围内坚持自己的职责就是一项宗教责任。既然路德宗与尘世的联系从开始至今都不明确，这更是其上帝旨意的结果。在路德的思想领域里没有关于改造世界的伦理原则。事实上，路德的思想从未脱离保罗的中立思想。因此，人应该按照世界本来面目去认识世界，单独这个就可以成为一种宗教责任。但清教认为，私有经济活动中的神意特征侧重点稍微有所不同。清教实用主义解释认为，应该从其产物来理解劳动分工的神意目的。在这点上，巴克斯特的言辞让人直接联想起亚当·斯密著名的劳动分工神化论。职业专业化使技术发展成为可能，因此这必然会导致生产数量增长和生产质量的改进，进而服务于公共利益，服务于尽可能最大多数人的利益。迄今为止，我们讨论的动机是纯功利性的，这与当时世俗文献的传统观点紧密联系。

但巴克斯特在展开讨论时谈到典型的清教因素，他宣称，“除非从事正经天职，一个人的成就便会随意的，无规可循，他更多的是悠闲而非工作。”巴克斯特最后得出如下结论：“他（专门技术工人）会有序地进行工作，然而另外的人却陷入长期的困惑状态。他的职业既无固定的时间，也没有固定的空间……因此，某种天职是最适合每个人的。”普通劳动者经常不得不接受临时工作，往往不可避免，这也总是不合时宜的过渡状态。没有天职的人因此会缺乏世俗禁欲主义所要求的（如上所述）系统而明智的性格。

贵格会伦理观还认为一个人从事天职的生活就是践行禁欲道德，通过虔诚实现恩赐状态。这也体现其认真严谨地追求天职的态度。上帝要求的不是劳动本身，而是其天职中的理性劳动。清教天职观总是强调这种世俗禁欲主义的循道性，而不是像路德一样强调接受上帝委派给人的不可更改的命运。

关于人能否从事几种天职的问题，如果这有利于公共利益或个人利益，而且不损害任何人的利益，如果这不会致使我们背弃其中一种天职，这样的话，人肯定可以从事几种天职。如果人没有经过深思熟虑而决定更换天职，而且更换天职只是为了从事更有益的而又能令上帝更欢悦的天职，那么也绝不反对更换天职。

的确，天职是否有用，能否得到上帝青睐，主要取决于伦理标准，取决于天职为社会创造的财富的重要性。但更深入的标准，也是最重要的标准是个人获利的程度。清教徒生活的方方面面都有上帝的踪影，如果上帝赋予受其恩赐的人一次获利的机缘，那么上帝一定有其目的。所以，虔诚的基督教徒必须充分抓住天赐良机服从上帝的号召。“如果上帝给你指明一种可以为你合法地谋取更多利益（而又不损害自己或他人的灵魂）的办法，如果你拒绝这种办法，选择不易获利的办法，那么你背离了你的天职，也就是拒绝成为上帝的牧羊犬，拒绝接受上帝的恩赐，拒绝在需要时使用上帝的恩赐：你可以为上帝而劳动，不是为了肉体和罪过而劳动。”

如果财富诱惑人们无所事事，沉醉于罪恶的享乐生活，那么财富在道义上就是邪恶的。如果追逐财富是为了日后幸福无忧生活，那么追逐财富亦是邪恶的。但追逐财富作为履行天职职责的表现，这不仅在道义上是允许的，而且在现实生活中也是应当得到宣扬的。仆人因为没有发展上帝赋予的才能而遭上帝拒绝的寓言就直接印证了这一点。经常有人认为，期待一贫如洗就相当于期待病人膏肓。这名为弘扬善行，实为贬损上帝荣耀。特别是有能力劳动而行乞不仅是懒惰罪，而且违背了使徒所说的博爱义务。强调固定天职的禁欲意义为现代专业化劳动分工提供了伦理依据。同样，追逐利润的神意解释也为实业家行为提供了正当理由。禁欲主义对恶贵族的穷奢极欲和新贵的大肆挥霍都深恶痛绝。

但另一方面，禁欲主义在伦理上最崇尚稳重的中产阶级，独立自主的人。对那些成功遵循神意指示的好人，“上帝赐福”就是常备的赞誉之词。《旧约》中的上帝恩赐那些尘世中遵循其旨意的臣民，清教徒听从巴克斯特的忠告，把自己的恩赐状态与《圣经》英雄们的恩赐状态比较，并把圣经话语解释成神圣法规的条规。上帝的全部权力也必然对这样的清教徒产生同样的影响。

当然，《旧约》的语句并不是完全准确无误的。我们已经看到路德在翻译《耶稣·西拉》中一段话时首次使用了世俗意义的“天职”概念。但《耶稣·西拉》一书就其表达的这个基调而言，属于广义的《旧约》的一部分，尽管受其希腊文化的影响，明显具有传统主义倾向。非常典型的是，直至今天信奉路德教的德国农夫一直偏爱这本书，与此同时，诸多德国虔信教派中的路德宗影响也在对《耶稣·西拉》的偏爱中得以体现。

清教徒摒弃了缺乏神性的伪教，这也截然区分了神性之物和世俗之物。但在正经里，旧约中的《约伯记》影响最甚。一方面，《约伯记》包含了上帝绝对至上、超乎一切人类理解的权威观念，这与加尔文教的权威观念一脉相承。另一方面，除此之外，《约伯记》认为，上帝必然会赐福于他今生尘世的臣民，尽管这种必然性对加尔文来说是偶然的，但对清教而言逐渐变得非常重要。上帝也会在物质上祈佑尘世。在《诗篇》中几段优美诗篇和《箴言》中呈现出的东方寂静派则被一语带过，同样，尽管《哥林多前书》中的传统主义气息对天职观非常重要，但巴克斯特还是一语带过。

然而，人们更注重《旧约》里称赞墨守律法为取悦上帝的行为的那些部分。他们坚持如下理论：尽管包含有仅仅适用于犹太民族的礼规或纯历史性的戒条，但摩西律法在基督手里就失去效力了；但另一方面摩西律法作为自然律法一直有效，因此必须予以保留。一方面，这使其删除那些不符合现代生活的成分成为可能。另一方面，通过其无数相关的特点，《旧约》道义能激发洁身自好、严肃庄重的律法精神，而这正表现了这种形式新教世俗禁欲主义的特点。

因此，作家们以及几个同时代人和后来的作者把清教的基本伦理倾向，特别是在英格兰，刻画成英格兰的希伯来书，如果加以正确理解，他们的做法是有道理的。然而，我们想到的不是《圣经》成形时期的巴勒斯坦犹太教，而是犹太教，因为犹太教历经若干世纪规范化、律法化以及法典化教育的长期影响。甚至在那时，人们也必须小心得出结论。早期犹太教普遍倾向于追求简朴的生活，这与清教独特特征相去甚远。然而，这点也不应该忽略，这在特性上远离了中世纪和现代犹太教的经济伦理。这些特性决定了资本主义精神气质发展过程中清教和犹太教不同的立场。犹太人站在政治上大胆进取、投机冒险的资本主义那一边。简言之，犹太人的立场是贱民资本主义的精神气质。但清教的思想却是理性融合资本与劳动的精神气质，清教从犹太伦理中只汲取了适合这一目标的内容。

分析《旧约》戒律渗透到生活后对民族性格的影响是一项吸引人的任务，犹太教对此的研究也没有取得令人满意的结果，鉴于本文篇幅，也是不可能的。除了已经提到过的联系外，清教徒内心倾向于认为他们是受上帝眷顾的人，这在他们看来是一次伟大的复兴。甚至秉性诚恳的巴克斯特感谢上帝让他生在英格兰，并因而进入真正的教会，而不是别处。这种因上帝恩赐至善至美的感激之情深深渗进清教中产阶级人生态度中，这种感激之情对形成资本主义英雄时代特有的严肃刻板、坚韧耐劳、严于律己的性格起着重要作用。

现在，让我们试着弄清楚，清教徒的天职观以及对禁欲行为的重视必然会直接影响到资本主义生活方式的发展。我们已经看到，清教禁欲主义竭尽全力反对无节制地享受生活以及它所能提供的一切。这或许最典型地体现在围绕《娱乐手册》而展开的抗争中。詹姆斯一世和查理一世把《娱乐手册》纳入律法并作为对付清教徒的一种手段。查理一世还下令在所有的道坛诵读。国王竟然通过条例允许人们在礼拜时间外依法从事通俗娱乐活动，这引起了清教徒的强烈反对，因为这不仅破坏了主日的安宁，而且引起对有意违背圣徒有秩序生活的愤恨。从国王角度看，国王对任何抨击这些娱乐合法性的人严厉惩罚完全出于消除对清教徒反对专制主义的禁欲倾向，这种禁欲倾向对王国极其危险。封建势力和君主势力保护寻欢作乐者，压制新兴中产阶级和反专制统治的禁欲宗教团体。这与当今资本主义社会总是保护那些乐于工作的人，压制无产阶级的阶级道德和反专制统治的工会联盟是一回事。

为了反抗压制，清教徒坚持他们至关重要的禁欲行为道义。另一方面，特别是对贵格会而言，清教徒厌恶娱乐绝不仅仅是条教义。如果娱乐活动服从于理性目的，即娱乐为了必要的身体效能，这样的娱乐是可以接受的。但如果娱乐成为无节制的冲动，娱乐就值得怀疑了。如果娱乐成为纯粹的享乐方式，或者唤起荣耀，原始本能或者非理性的赌博本能，娱乐当然要受到严厉责难。无论是贵族的娱乐活动，还是平民百姓在舞会或者酒馆里的享乐，任何背离天职工作，背离宗教的无节制的人生享乐都是理性禁欲主义的天敌。

因此，清教徒的态度总是充满怀疑，往往对无直接宗教价值的文化方面都不怀好意。然而，这也不是说清教的理想隐含着对文化道貌岸然和气量狭窄的蔑视。至少对于科学而言恰恰相反，但例外的是它对经院哲学的痛恨。此外，清教运动的杰出人物都深受文艺复兴时期文化的熏陶。长老会牧师的布道文充满经典典故，甚至一向反对典故的激进派在神学辩论中也不以展示学习经典为羞愧。或许没有哪个国家像新英格兰那样在其初期有如此多的毕业生。清教徒的反对者的嘲讽，例如，巴特勒的《赫狄布拉斯》，也主要是针对清教徒的迂腐和训练有加的诡辩。这部分是因为宗教对知识的高度评价，这种评价源于清教徒对天主教“绝对信仰”的态度。

但当我们参阅非科学文献，特别是艺术时，情况却完全不同。此时，禁欲主义犹如冰霜降临“快乐的古英格兰”人的生活中，不仅仅是世俗快乐感受到禁欲主义的影响。清教徒对一切迷信，一切依靠魔法，依靠圣事救赎的事情深恶痛绝，这种深恶痛绝也波及圣诞庆典、五朔节花柱游戏以及所有自发的宗教艺术。一种伟大但常常有伤风化的现实主义艺术得以在荷兰存在，这表明，在荷兰，加尔文教神权体制的统治转化成温和的国家教会统治，随之加尔文教明显丧失了禁欲主义影响力。因此，这个国家的专制伦理律法远远不能抗拒宫廷和摄政者（领取固定俸禄的社会阶层）的影响，也远远不能阻止资产阶级暴发户尽情享受人生。

清教徒厌恶戏剧，他们简直不能容忍一切色情而赤裸裸的东西。因此关于文学和艺术的激进观点也就不可能存在。闲聊、奢侈品、自负的炫耀等观念都是无客观目的的非理性态度的表现，因而也不是禁欲的表现，尤其不是服务于上帝荣耀，而是服务于人类荣耀。这些观念总是有助于人们作出有节制的实用主义的决定，反对任何艺术化的倾向。这在个人妆饰方面，比如穿着方面，尤其如此。这种强大的生活统一性倾向在摈弃一切肉体崇拜中奠定了理想基础。这种倾向直至今天仍然大大地促进了资本主义对标准化大生产的兴趣。

当然我们一定不要忘记，清教包括一个矛盾的世界，清教的领袖们显然比保皇党人更本能地意识到艺术永恒的伟大性。此外，像伦勃朗这样的杰出的天才，不管他的行为在清教徒眼里有多不合上帝的旨意，他所处的宗教环境仍然在很大程度上影响了他作品的特点，但这改变不了整个图景。清教传统的发展可以并在一定程度上确实促使了人格的精神化，就此而言，它对文学有着显而易见的益处。然而，这种益处在很大程度上只在后代人身上显现出来。

这里我们虽然不能讨论清教在所有这些方面的影响，但我们应该注意到这样的事实：尽管文化产品的享受只致力于纯美学上或者体育的享受，但对文化产品享受的容忍肯定总会与一种特有的局限相冲突：这些享受不得付出任何代价。人类只是受其上帝恩赐委托管理财产。他必须像寓言中的仆人一样，对托付给他的每一个便士都要记录在案。仅仅为了自己个人的享受而不是为了上帝荣耀而花费任何一个便士至少都是危险的。甚至在当今，哪个明眼人没有遇到过这种观点的代表呢？

对于一个把自己从属于他的财产的人来说，不管他作一个顺从的管家，还是甚至作一台赚钱的机器，对其财产的责任观会给他的生活带来令人心寒的重担。如果这种禁欲主义生活态度经得起考验的话，那么财产越多，对此所承担的责任感就越重，为了上帝荣耀竭尽全力地不让其减少而让其增加。这种生活，如同资本主义精神的许多方面一样，其根源也可以追溯到中世纪。但这种生活方式正是在禁欲的新教伦理中首先找到了坚实的伦理基础。它对资本主义发展的重要性也是显而易见的。

综上所述，这种世俗的新教禁欲主义强烈反对无节制地享受财产，限制消费，特别是限制消费奢侈品。另一方面，它对把获取财产从传统主义伦理的禁锢中解脱出来起着心理效果。因为它不仅使获取财产合法化，而且（就我们讨论过的而言）把获取财产看成是上帝的直接意旨，所以它打破了获取财产的冲动的束缚。正如贵格会辩护士巴克莱所说，这场运动反对肉体诱惑，反对依靠外在事物，不是反对理性地获取财产，而是反对非理性地使用财产。

但这种非理性地使用财产却体现在各种外在的奢侈品上。无论这些奢侈品在封建阶级心里表现得多自然，他们都被谴责为肉体崇拜。另一方面，他们赞同对财产的理性使用和功利性使用，认为这是上帝的意旨，是为了满足个体和群体的需要。他们并不希望把禁欲主义强加给富人，但希望他们使用财产来获取必需品和实际需要的东西。舒适的观念特别限制在伦理允许的开支范围内。符合这种观念的生活方式的发展在那些最能代表这种生活态度的人身上最早最清楚地表现出来也绝非偶然。他们把中产阶级家庭中纯净而坚实的舒适当作理想标准，反对封建阶级那种建立在不稳固经济基础上的华而不实，反对封建阶级那种喜好淫秽的优雅，反对封建阶级那种拒绝适度简朴的态度。

在私有财产生产方面，禁欲主义既谴责欺诈，又谴责冲动性贪婪。被斥责为贪婪、拜金主义等的是为个人目的而追求财富的行为，因为财富本身就是一种诱惑。在这里，禁欲主义是指那种“一直追求至善却又一直在制造邪恶的力量”。邪恶本身是指对财产的占有以及占有财产的诱惑。禁欲主义既与《旧约》相一致，又与善行的伦理评价相似，因此禁欲主义把追逐财富看成是本身应受斥责的目的。然而，实现追逐财富的目标是从事一项天职而获得的劳动成果，这也是上帝祝福的体现。更重要的是，把对世俗职业中竭尽全力、坚持不懈、有条不紊工作的宗教评价作为禁欲主义的最高标准，同时也作为重生和虔诚信念的最确定、最显著的证明，这一定是我们称之为资本主义精神的那种生活态度的扩展的最可靠的标杆。

当消费限制和这种获利活动释放结合在一起时，明显会产生必然而实际的结果，那就是通过禁欲主义的节俭完成资本积累。强加在财富消费上的种种限制使资本用于生产性投资成为可能，从而自然地增加了财富。不幸的是，这种影响到底有多大还不能以精确的统计数字来加以证明。在新英格兰，这种联系如此明显，因而未能逃过历史学家杜尔那双极具洞察力的眼睛。在荷兰也是，在这个严格加尔文教统治七年之久的国度里，在更严肃的宗教圈里，更简朴的生活方式和巨大财富的结合，结果是资本的过度积累。

而且，中产阶级的财产被贵族吞没的倾向无处不在，无时不在，在今天的德国颇为明显，这种倾向在清教徒对封建生活方式的厌恶中必然得到检验，也是显而易见的。17 世纪英国重商主义作家们把荷兰资本优于英国资本归结为，新获得的财富并不一概地投资在土地上。与此同时，既然这不是一个简单的土地购买过程，所以荷兰资本也不能设法转变成封建生活习惯，以至于远离进行资本主义投资的可能性。高度重视农业，把农业视作极为重要的活动的不是土地贵族，而是自耕农和农民（比如在巴克斯特看来），在 18 世纪也不是地主，而是理性的耕种者。这点与清教徒共有的虔诚尤为一致。代表“快活的老英格兰”的地主阶级与有着不同社会影响的清教徒们之间的冲突，贯穿自 17 世纪以来整个英国社会。一边是尚未受过玷污的天真无邪的生活享乐，一边是恪守律法的矜持的自制和传统的伦理行为，两者甚至在今天有机结合构成了英国民族性格。同样，在北美殖民地，投机家们希望利用契约奴仆的劳动建立种植园，过上封建贵族的生活，这与清教徒们特有的中产阶级世界观形成鲜明对比，这种鲜明对比也贯穿了北美殖民地的早期历史。

就其清教世界观的影响而言，在任何情况下，清教世界观当然比资本积累的激励重要得多。因此，清教世界观有利于理性资产阶级经济生活的发展。最重要的是，清教世界观是理性资产阶级经济生活方式唯一始终一致的影响，也哺育了现代经济人。

可以肯定地说，清教徒自己也清楚地认识到，这些清教的理想也会屈服于来自财富诱惑的巨大压力。我们发现一条规律，最忠实的清教信徒是那些从较低社会发展起来的小资产阶级和农民，而受恩赐的占有者，甚至贵格会往往会摈弃陈旧的理想。这种世俗禁欲主义的前身，中世纪的隐修禁欲主义也一再遭遇同样的境遇。在后一种情况下，当理性的经济活动通过严格的行为规范和限制消费发挥全面作用时，财富积累要么像宗教改革前时直接为贵族阶级服务，要么为面临崩溃危险的隐修教条使用，这时，众多的改革也就势在必行了。

事实上，隐修主义的整个历史在一定程度上说就是财富的世俗化影响不断抗争的历史。在更广泛的意义上说，清教的世俗禁欲主义也是如此。直到18世纪末随着英国工业扩张，循道派的伟大复兴可能与这样的教会改革相比较。在此，我们可以引用约翰·威士利自己的一段话或许可以概括上述一切，因为这段话表明这些禁欲主义领袖们搞清楚了我们这里分析了的似乎自相矛盾的关系。他写道：

“我担心，无论何处，只要财富增长了，宗教的本质也就以其同样比例减少了。因此，就其事物本质而言，我看不出真正宗教的任何复兴如何能够长久持续下去。因为宗教必然带来勤俭，而勤俭必然带来财富。但随着财富增加，傲慢、愤怒和对尘世一切的热爱也会增加。尽管作为心灵宗教的循道派眼下正像茂绿的月桂树那样枝繁叶茂，但循道派应该如何可能继续发展下去呢？因为循道派信徒无论在哪里都变得很勤奋节俭，因而他们的财富也随之日益增长。这样一来，他们的傲慢、愤怒，肉体欲望，眼睛的渴望以及生活的傲慢也会随之增长。因此，尽管宗教形式仍然保留下来，但其宗教精神却正飞快地消逝。难道就没有办法阻止这种纯宗教的不断衰败吗？我们不应组织人们勤奋节俭，我们必须敦促所有基督教徒尽其所能获取一切他们能获得的，节约一切他们能节约的，实际上也就是敦促他们致富。”

随之而来的是这样的忠告：那些尽其所能去获取，去节俭的人也应该是能奉献一切的人，这样他们才能获得更多的恩赐，在天国置下一笔财富。很明显威士利这里仔细讲述的正好是我们试图指出的。正如威士利所说，那些伟大的宗教运动对于经济发展的重要意义首先在于他们的禁欲主义的教育性影响。一般来说，他们最终的经济影响只有在纯粹宗教热情高潮过去之后才显现出来。到那时，寻求上帝天国的狂热开始慢慢转变成稳重的经济美德，宗教的根源也开始慢慢枯竭，让位于世俗的功利主义。到那时，正如道登所言，那个像鲁滨逊·克鲁索一样坚持传教活动、与世隔绝的经济人取代了班扬笔下那个匆忙穿过名利场去寻求上帝天国的孤独的朝圣者。如同道登评论的那样，后来当“充分利用现世和来世两个世界”的教义最终占主导地位时，行善的良知只不过成了享受舒适的资产阶级生活的手段之一，这点在关于软枕头的德国谚语里得到很好的解释。然而，17 世纪伟大的宗教时代留给追求功利的后人的首先是那种惊人的善行良知，甚至可以说虚伪的善行良知，以此来获取金钱，合法追求金钱。“你们很难使上帝满意”的教条的痕迹都已经不复存在了。

一套特殊的资产阶级经济伦理已经成长起来。资产阶级商人意识到自己受到上帝充分的恩赐，实实在在地受到上帝祝福。他们认为，只要他们保持外表正确得体，只要他们伦理行为没有污点，只要财产使用不遭到非议，他们就能随心所欲地听从自己金钱利益的支配，他们也感觉到自己也是这么做以此尽一种责任。另外，宗教禁欲主义还给资产阶级商人提供了有节制的、态度认真的、工作勤奋的劳动者，这些劳动者坚持自己的工作就像坚持上帝赐予的一生的目标一样。

最后，禁欲主义还赐予资产阶级商人令人安慰的信念：现世财产分配不均乃是一种特殊的神意天命，在这些差异以及特别的恩赐里，天意追求着不为人知的秘密目的。加尔文自己曾做过人们经常引用的陈述：只有当从事体力劳动和技术劳动的人们穷困时他们才顺从上帝旨意。在荷兰，这种说法已经被世俗化成人们只在生活必需强迫其劳动时才劳动。这种资本主义经济的主导思想的表述，后来融入到目前的低收入人群的生产力理论中。在这里，我们反复注意到，随着宗教根源的逐渐消逝，功利主义思想悄悄地渗透进了资本主义发展进程中。中世纪的伦理不仅容忍乞讨，而且实际上在托钵僧团中还以乞讨为荣。更有甚者，由于世俗的乞丐给富人提供了施舍行善的机会，这些世俗的乞丐有时被当成一笔产业来对待。甚至斯图加特王朝时期的英国国教的社会伦理也与这种态度非常接近。清教禁欲主义仍然参与严格的《英国济贫法》的确立，这从根本上改变了这种状况。清教禁欲主义之所以能这样做，是因为新教教派和严格的清教团体心中都不知乞讨为何物。

另一方面，从工人角度看，虔信派的亲岑道夫分支颇为推崇忠实的工人：他们不追求获利，他们按使徒的模式生活，因而被赋予使徒式的领导气质。同样的观点最初一直在浸礼会中流行。

现在几乎一切教派的禁欲主义文献都自然地充斥着这样的观点：对于生活中没有其他谋生机会的低收入群体而言，忠实的劳动也是很能取悦上帝的。从这方面说，新教禁欲主义本身并没有创造什么新东西。但新教禁欲主义不仅最有力地深化了这一思想，而且它还创造出了具有至关重要作用影响力，即在心理上认同：这种劳动是一份天职，一份最好的天职，归根结底也是实现其恩赐确定性的唯一方法。另一方面，新教禁欲主义也使剥削自愿工作的劳动者合法化，因为它把雇主的商业活动也视作一份天职。很明显，只有通过圆满完成天职职责去专门寻求上帝王国，以及教会戒律特别强加给无产阶级的严格的禁欲主义必然会影响资本主义意义上的劳动生产力。把劳动看成是一份天职成为现代工人的特点，也这成了对商人获利的相应态度的特点。能干的观察家威廉·佩蒂爵士正是因为在那个时代第一个意识到这种情况才把17世纪荷兰的经济强盛归结为这样的事实：这个国家的众多持异端者（加尔文教徒和浸礼会教徒）“多半是善于思考、头脑清醒的人，他们认为劳动和勤劳是对上帝应尽的责任”。

加尔文教反对财政垄断形式有机社会组织，在斯图亚特王朝统治下的英国国教中，特别是洛德的观点看来，这种社会有机组织就是以基督教社会伦理为基础的垄断形式下，教会和政府的联合。加尔文教的领袖们普遍都激烈反对这种政治上享有特权的、商业性的、借贷性的、殖民主义的资本主义。与这种资本主义相对，他们强调通过自身能力和主动性去理性地合法地获取财产，强调在其获取财产过程中的个人主义动机。当政治上享有特权的垄断工业在英国短期内全部消失时，他们的这种态度对不顾甚至是反对政府专制情况下兴起的工业发展起着巨大的至关重要的作用。清教徒（普林，帕克）认为那些大资本主义鼓吹者和规划者是伦理上值得怀疑的阶级，因此摈弃了与他们的一切联系。另一方面，清教徒又为他们自己优越的中产阶级道德感到自豪，因此他们也受到来自那些圈子里的人的迫害。笛福曾建议依靠联合抵制银行贷款和撤销存款的方式反对持异端观念者的迫害。这两种资本主义态度的不同在很大程度上与其宗教差异同时存在的。甚至在18世纪，反对者还反复嘲笑不从国教者是小店主精神的化身，嘲笑他们有损古老英国的种种理想。清教的经济伦理与犹太人经济伦理不同之处正是在这里。当代的人（普林）清楚地认识到清教的经济伦理，而不是犹太人的经济伦理，是资产阶级的资本主义伦理。

现代资本主义精神以及整个现代文化精神的诸多基本要素之一是以天职观为基础的理性行为，这种理性行为产生于基督教禁欲主义精神。这也正是本文试图论证的观点。我们只要重读一下本文开头引述的富兰克林的那段话就不难发现，富兰克林称之为资本主义精神的那种态度的根本要素与我们这里表明的清教世俗禁欲主义完全一样，只是它没有宗教基础而已，因为在富兰克林时期，宗教基础已经消亡了。认为现代劳动具有禁欲主义的性质当然不算什么新思想。摈弃浮士德式的人类共性，局限于专业化的工作是现代社会中任何有价值的工作的条件。因此，其得与失必然是互为条件的。中产阶级的生活从根本上说具有禁欲主义特征。如果说禁欲主义试图成为一种生活方式，而并不仅仅是缺乏某种东西的话，那么这正是歌德在其智慧顶峰时期所要告诉人们的东西，最终歌德把它赋予了他的浮士德式的生活。对歌德来说，实现目标就意味着绝弃，一种与其完美人性时代的分离。在我们的文化发展进程中，已不再可能重现那个时代，古雅典文化的兴盛时代也是一样。

清教徒希望在一份天职中工作，而我们被迫那样做。因为当禁欲主义从修道院的暗室带入日常生活，并开始统治世俗道德时，在建立庞大的现代经济秩序的宇宙的进程中，禁欲主义就发挥着它的作用。现在，这种经济秩序会受到机器生产的技术条件和经济条件制约，这些技术条件和经济条件正以不可抗拒的力量决定着生在这一机制中的每个人的生活，而且不仅仅是那些直接参与经济获利的人的生活。或许这种决定性作用会持续到人类灭亡时。巴克斯特认为，身外之物只是披在“圣徒肩上随时可扔掉的轻飘飘的斗篷”。但命运注定这斗篷将会变成铁笼。

自从禁欲主义开始重塑尘世并树立起尘世理想，物质财富就逐渐前所未有地控制人们的生活。今天，宗教禁欲主义精神已经脱离了束缚，可有谁知道这会不会是最终结果。然而，建立在机器基础上的资本主义已不再需要宗教禁欲主义的支持。宗教禁欲主义的继承者，启蒙主义那大笑着的脸上的玫瑰色红晕似乎也在无可挽回地褪去。天职中的职责思想也像逝去的宗教信仰一样，幽灵般地徘徊在我们生活中。完成天职已不再直接联系着最高的精神价值和文化价值时，或者，另一方面，当完成天职不再被视作经济冲动时，一般来说，这时候，个人也就会放弃为之辩护的努力。在其财富发展最高的地方，在美国，追逐财富已经脱离里其原有的宗教意义和伦理意义而趋于和纯粹世俗情欲联系在一起，事实上，这往往使追逐财富富有娱乐的特征。

没有人知道将来谁会生活在这铁笼里，没有人知道在这惊人的发展后会不会有全新的先知出现，没有人知道旧思想和旧理想会不会重生。如果这些都不会发生，机械化的麻木僵化会不会在突发的妄自尊大情绪掩饰下产生，也没有人会知道。可以这样说，在这种文化发展的最后阶段，“专家没有灵魂，纵欲者没有心肝，这个废物想象着它已经达到了前所未有的文明程度。”

但这又把我们带到价值判断和信仰判断的领域，这篇纯粹讨论历史的文章没必要承担这一重任。接下来应该讨论禁欲的理性主义的重要意义。前面我们稍微讨论了在实用的社会伦理内容，组织类型以及上至国家、下至群众集会等社会群体中的禁欲理性主义。接下来分析禁欲的理性主义与人道的理性主义的联系，生活理想和文化影响的联系，进而分析哲学和科学经验主义、技术发展以及精神理想之间的联系。然后将在禁欲主义宗教各个领域追溯它从中世纪有禁欲主义以来直到它融入纯功利主义的历史发展过程。只有到那个时候，才能在新教禁欲主义与其现代文化的其他弹性因素的联系中评估新教禁欲主义的文化意义。

这里，我们试图追本溯源禁欲主义及其影响，与此同时，我们有必要进一步探究新教禁欲主义在形成和发展过程中如何受社会条件特别是经济条件的制约和影响。总体上说，即使有最好意愿，现代人还是不能赋予文化和民族特征中宗教思想应有的重要意义。当然，我们不是力图用片面的唯灵论取代片面的唯物主义去解释文化和历史的渊源。两种解释都同样可能，但如若每种解释不是作为研究的前提，而是作为研究的结论，那么两种解释都很难探究历史真理的重要性。